Les GOUTTES D'EAU,

POÉSIES

Du Baron C.-A. Coppens,

AUTEUR DES ALGUES.

Oh ! qu'il boivent dans cette goutte
L'oubli des pas qu'il faut marcher :
. . . .
Et ma goutte à moi d'espérance,
C'est dans mes pleurs que je la bois.

LAMARTINE (Jocelyn.)

Dunkerque,

CHARLES LALLOU, IMPRIMEUR-ÉDITEUR.

Avril 1856.

GOUTTES D'EAU.

Dunkerque. — Imp. de Cu. Lallou,

LES

GOUTTES D'EAU,

POÉSIES

du Baron L.-A. Coppens,

AUTEUR DES ALGUES.

Oh ! qu'ils boivent dans cette goutte
L'oubli des pas qu'il faut marcher ;
. . . .
. . . .
Et ma goutte à moi d'espérance,
C'est dans mes pleurs que je la bois.

LAMARTINE. *(Jocelyn.)*

Dunkerque.

CHARLES LALLOU, ÉDITEUR-IMPRIMEUR.

—

Avril 1856.

A mon Livre.

Allez, mes gouttes d'eau ! Qu'une lèvre de femme
Ou d'un être souffrant, en s'approchant de vous,
Vienne étancher sa soif et retrouve en son âme
    Un de ses rêves longs et doux !

O mon beau rêve, adieu ! vous avez sur ma vie,
Quand je vous caressais, jeté quelque lueur
D'espérance et d'amour à mon âme ravie ;
    Vous avez calmé ma douleur !

Comme la goutte d'eau que le rocher transpire
Sur les lèvres de l'homme apporte la fraîcheur,
Votre souffle venait, en caressant ma lyre,
    Au front essuyer ma sueur.

Merci, j'ai reposé mon œil à votre prisme,
Il me parlait d'amour d'un parler si puissant ,
Que je crus à l'amour comme au christianisme
    Qu'on nous met au front en naissant.

Merci... Mais vous partez ! adieu donc , mon beau rêve.
Je vous livre à ce monde où j'eus aussi mon jour,
Mais son accueil de glace a fait mourir ma sève.
    Essayez-le... C'est votre tour.

Allez, mes gouttes d'eau ! Qu'une lèvre de femme
Ou d'un être souffrant, en s'approchant de vous,
Vienne étancher sa soif et retrouve en son âme
    Un de ses rêves longs et doux !

                  1ᵉʳ Avril 1836.

À Lamartine.

L'encens que nous brûlons sur notre autel de pierre ;
Les mots que nous disons comme sainte prière,
Et les légers deniers dans l'humble tronc posés,
Montent au pied de Dieu, dont la haute sagesse

Les reçoit comme myrrhe et comme une largesse,
Sur le marbre blanc déposés.

Ces mots partis du cœur que l'on dit au village,
Ils arrivent à Dieu sur le même nuage
Que les chants achetés dans les nefs pleines d'or ;
Même on dit, quand au ciel arrivent les beaux anges,
Que Dieu reçoit d'abord les dons de nos archanges,
Qui les portent dans son trésor.

Si Dieu reçoit ainsi nos vœux et nos prières ;
S'il entend tout d'abord les pleurs de nos chaumières ;
Si le riche est l'égal des pauvres au saint lieu !
Poète qui reçois du ciel ta haute place,
Qui nous vois de si loin nous traînant sur ta trace,
Vas-tu pas imiter ton Dieu !

Laisse arriver à toi les vers que je t'adresse,
Comme l'humble denier que le pauvre s'empresse
D'apporter à son tour ;... car ce n'est qu'un denier.
Mais ce Dieu, dont ta voix imite la parole,
N'a-t-il pas dit un jour en haute parabole :
Le premier sera le dernier !

C'est pour cela, vois-tu, que de ma solitude

Où je courbe mon front sous le poids de l'étude,
Je t'écris, ô poète ! et je crois que mes chants,
Au milieu des concerts que JOCELYN inspire,
S'élèveront vers toi comme vers Dieu la myrrhe
  Et la prière de nos champs.

Oh ! oui, j'ai bien compris ton CURÉ DE VILLAGE,
Car j'ai relu vingt fois, vingt fois la même page !
Je me suis arrêté si souvent, que mon cœur
Aurait peine à choisir dans ton brillant poème.
La page que je lis est la page que j'aime,
  J'aime sa joie et sa douleur.

Et ce n'est pas ma voix qui pourrait te redire
Combien de fois mon âme a repris le sourire
Qu'elle avait oublié, quand ton livre est venu;
Car c'est encor ta main qui me l'a envoyée
Cette œuvre du génie au poète octroyée;
  Au poète ! moi l'inconnu !...

Non, ce n'est pas ma voix qui saurait te le rendre,
Tout ce qu'en te lisant mon âme a pu comprendre !...
Lamartine ! ton vers prépare l'avenir :
Tu creuses le sillon avec ta forte tête;

Tu sèmes le bon grain , et ta parole apprête
La moisson aux jours à venir.

Je rends grâces au ciel qui m'a mis sur ta route,
Car quelquefois pour moi tu parles; je t'écoute ,
Je t'admire , et j'emporte aussitôt dans mon cœur
Des songes d'avenir, des rêves d'espérance ;
Je vois un ciel d'azur se lever sur la France,
Et je crois encore au bonheur.

Avril 1836.

Mort.

Quoi! si jeune, si jeune! oui, si jeune! il est mort!
Pauvre petit enfant, en appelant sa mère;
Il est parti vers Dieu, comme au soir on s'endort,
Sans entendre le cri de la douleur amère!

Où les anges ont leur séjour
Et redisent des chant d'amour
Que Dieu reçoit et qu'il inspire,
Il est allé dans un sourire
Pour devenir ange à son tour!

26 Mars 1836.

Déception.

J'ai bien souvent pesé ma tête dans ma main ;
Me demandant pourquoi j'use ma force à suivre
Le sentièr âpre et nu que recouvre le gîvre ,
Où mon pas est glissant , sans attendre demain ,

1

Plus riant, plus heureux, où je marche sans cesse ;
    Et bien souvent, dans ma longue tristesse,
J'ai désiré le jour qui part sans lendemain ;

        Et sur le marbre étreint du lierre
        Qui recouvre tout mon espoir,
        Souvent je suis venu m'asseoir
        En jetant au ciel ma prière ;
        Car moi, je croyais que les pleurs
        Que l'on répand sur une tombe
        Sont saintes comme une hécatombe ;
        Je croyais que ces jeunes fleurs
        Que mes larmes fesaient éclore,
        Tous les matins avant l'aurore
        Envoyant leurs parfums à Dieu,
        Dans leur enveloppe légère
        Portaient suaves, au saint lieu,
Les mots qu'on va laisser à la tombe d'un père.

Je croyais, je croyais ; et pourtant, tous les jours
Sous quelque mal nouveau mon âme était ployée,
Et sous mes doigts raidis ma tête était broyée ;
Car l'horizon d'azur fuyait, fuyait toujours.
Mais j'essayais en vain à lire dans l'espace :
    Cherchant son frère, ainsi le frère passe,

Au champ de gloire hier ; aujourd'hui, des vautours !

Vois-tu bien, quand le mal commence
Dans sa serre à saisir le cœur,
Au front quand s'assied la douleur,
Il faut oublier l'espérance ;
Ainsi quand la chaleur du jour
A la rose arrache une feuille,
Vois-tu pas comme elle s'effeuille,
Car chacune tombe à son tour :
Et bientôt cette belle rose,
Au matin si rieuse éclose,
Toute entière est livrée au vent ;
Ainsi quand le mal vous prend l'âme,
Il l'entoure, et va s'élevant
Comme dans un bûcher la spirale de flamme.

Oh ! quand j'étais enfant, j'écoutais le canon
Et le bruit que fesait l'écho de nos batailles ;
Des rêves ! j'en avais pour toutes nos mitrailles ;
Chaque lambeau de toile était mon gonfanon.
Je n'étais qu'un enfant, et mon penser de gloire
Il m'a quitté, quand, aux bords de la Loire,
La belle France un jour a dû cacher son nom !

Sans doute qu'un penser rapide
Saisit notre front en naissant,
Que notre avenir est puissant
Lorsqu'il demeure notre guide ;
Oh ! sans doute nous avons tous
Une étoile qu'il nous faut suivre ,
Un beau rayon qui nous enivre ,
Et qui rend notre ciel plus doux.
Mais si nous quittons cette voie ,
Si notre voile se déploie
Et veut remonter le courant,
Nous essayons une chimère ,
Et le bruit que fait le torrent
Répond à nos efforts par une nargue amère.

Et puis, quand l'homme vint et qu'il me fallut voir
S'en aller chaque jour mes heureuses croyances,
Que je vis s'élever de froides défiances
Et le calcul venir pour remplacer l'espoir;
Oh ! comme j'ai souffert !..... J'ai méprisé la vie,
Et j'ai fermé ma paupière assoupie :
Comme au but du chemin je suis venu m'asseoir.

Sur ce brig à la blanche voile
Qui fend si rapide le flot,

Heureux, heureux le matelot
Qui s'abandonne à son étoile ;
Enveloppé dans son caban,
A l'équipage qui l'espère,
Quand il jette ce mot : la terre !
Du haut de son léger hauban.
Mais quand le vent vient de la plage
Et les pousse loin du rivage,
Ces hommes qui n'ont plus de pain,
Est-il des mots qui puissent rendre
Les cris arrachés par la faim ?.....
Quand vit l'illusion, qui donc saurait comprendre ?...

Comme le Mal, aussi vint me narguer la Mort ;
Me jetant sur le front le drap des funérailles,
Elle enfonça soudain ses doigts dans mes entrailles,
Et me toucha le cœur ; puis, malgré mon effort,
Ses ongles ont laissé cette livide trace
      Qui restera pour toujours sur ma face,
Et qui comme un serpent et m'étreint et me mord.

Lorsqu'une mère vient sourire
En se penchant sur un berceau,
On dirait, sur un frais ruisseau,
Un bel ange essayant sa lyre !

2*

Alors que d'un regard d'amour
Un père vient qui nous contemple,
Ou dirait au soir, dans le temple,.
Le dernier rayon d'un beau jour.
Mais quand la Mort vient et vous touche,
Jetant la bave de sa bouche ;
Qu'elle vous met le doigt au flanc,
Oh ! c'est affreux ! Pensée amère ,
Ce doigt qu'elle montre sanglant
En vous prenant soudain un père , ou votre mère.

Hier , c'était la Mort ; aujourd'hui , trahison !
L'amitié qui gardait la moitié de mon âme
A jeté de la boue à cette sainte flamme !
A notre sang si pur a mêlé du poison !.....
Elle a trempé ses mains au cloaque du monde,
    Et me lançant de cette boue immonde,
Me répétait : « Ami! tiens, voilà ta leçon ! »

Oh ! quand l'âme ploie à la peine,
Trouver, pour appuyer sa main,
Le bras d'hier et de demain !
Porter à deux sa lourde chaîne !
Lorsque le regard a des pleurs ,
Avoir un sein pour les répandre.

Et savoir où l'on peut épandre
Ce qu'on cueille ici-bas de fleurs ,
C'est du bonheur à coupe pleine !
C'est de l'ivresse à pleine haleine !
Mieux que l'amour , c'est l'amitié !...
Mais qu'un homme vous vienne dire :
Adieu , quand vous l'aimez. — Pitié !
Un traître à son ami ! Mais Dieu le doit maudire !...

Janvier 1836.

Domino noir.

Non, ce n'est pas un rêve, une folle chimère,
Un songe du matin, une vapeur légère
Que l'aube transparente enlève sans retour ;
C'est un rayon d'azur dans un ciel noir d'orage

C'est au cœur du vieillard un penser du jeune âge,
C'est au front du maudi comme un reflet d'amour ;
Car cette voix de femme était vive et brûlante,
Sa pensée étonnait vague, jeune, enivrante,
Et laissait à mon cœur un doux rayon d'espoir.
Demain, je lui disais, cette heure qui nous presse
N'aura dans ton esprit ni regret ni tristesse !
Et moi je vais rêver à ton domino noir.
Non point pour un seul jour ! mais bien longtems encore;
Jusqu'à ce jour marqué par le tems qui dévore,
Et qui doit, je le sens, me ramener à toi.
Oh ! tu ne sais donc pas que ton regard enivre,
Que ta parole est douce et qu'elle apprend à vivre ;
Qu'on éprouve à te voir un penser de bonheur;
De bonheur, entends-tu ? ce rêve de la vie,
Ce penser enivrant que l'on nomme folie,
Que je ne savais pas et que je sens venir.
C'est que tu ne sais pas, lorsque ta voix m'appelle,
Je ne te rêve pas séduisante ni belle,
Je te vois bonne, douce, et parant l'avenir
De ces doux soins d'enfans, de ces baisers de femme
Qui nous rendent meilleurs, et qui font dans notre âme
Cette extase d'amour que l'on attend des cieux.
Va, moi je le sais bien, c'est ta voix qui m'enivre,
C'est ton âme si belle et que je voudrais suivre;
C'est ce rayon si doux qui brille dans tes yeux.
Et que me font, à moi, quand ta voix est si pure,

Les dons de la beauté , les traits de la figure ,
Ephémères trésors qui pourrissent le cœur ?
Loin de moi ces pensers! J'aime ta voix rapide ,
Ton jeune esprit me plaît ; me veux-tu pour ton guide?
Je te donne ma vie et j'attends du bonheur.

1835.

Le Golfe d'Ajaccio.

Comme c'est un beau golfe à la lame tranquille !
Comme il vient mollement, jusqu'au pied de la ville,
    Étendre ses brillantes eaux !
Qu'il est vaste ! et pourtant, comme il trompe la vue,

Quand il vous montre au fond, au-dessus de la nue,
La neige auprès de verts rameaux !

On rêve en arrivant comme tombent les chaînes,
Car on voit tout d'abord ces tours que, contre Gênes
La Corse avait bâti soudain,
Chacune dans son sein tenant une vigie :
On dirait des géans de force et d'énergie
Qui veulent se donner la main.

Debout, à son entrée, est une sentinelle,
Rocher fort et puissant, pour que la mer rebelle
Ne vienne pas troubler ses flots,
Et que par les gros tems, sur sa lame azurée,
On voie une frégate arrivant rassurée
Pour reposer ses matelots.

Près du flot, sur la gauche, on voit le cimetière,
Simple comme au village et blanc comme la pierre;
Au loin, à droite, les rochers ;
Auprès du cimetière, une simple chapelle
Vouée au culte grec est là, seule, mais belle,
Sans haut portique, sans clochers.

Puis, la ville apparaît ! la ville ! allons, silence
Et mon penser de gloire et mon amour de France
      Et mon sang qui gonfle mon cœur !..
Quel calme autour de moi ! comme tout est tranquille !
Qui le croirait, mon Dieu, la voyant, cette ville,
      Que d'elle nous vint l'empereur !...

Oh ! moi je l'ai compris, lorsque mon œil rapide
Soudain s'est élancé ; que mon regard avide
      A vu les rochers et la mer ;
Oui, ces âpres rochers où la neige se garde,
Cette mer qui grandit alors qu'on la regarde ;
      Ange et démons au rire amer ;

Oh ! moi je l'ai compris, alors que dans ses chambres
J'ai senti le frisson me parcourir les membres ;
      Que j'avais peine à soutenir
Mon corps qui, sous le poids de mon âme oppressée,
Chancelait, comme aussi chancelait ma pensée
      Sous cet immense souvenir;

Lorsque ma vue au loin plongeait dans les montagnes,
Et qu'au lieu de jardins et de vertes campagnes
      Mon œil ému ne pouvait voir

Que le rocher aigû , que la chèvre pendante,
Que le sapin altier et la neige fondante
    Sur le rocher brûlant et noir !

Oh ! moi je l'ai compris , lorsqu'à moi vint un homme
Sur le bord d'un torrent, me disant : l'on te nomme
    D'un nom étranger en ces lieux ;
Sois-donc le bien venu ; tiens, voici ma chaumière,
Viens partager mon pain et t'asseoir sur ma pierre !
    C'est tout mon avoir sous les cieux.

Et cet homme était beau , m'offrant comme à son frère
Et sa table et son lit ! Son front était sévère,
    Son œil était brillant et noir ;
Il avait un poignard à sa large ceinture,
Un fusil sur l'épaule, et toute sa tournure
    Était noble et superbe à voir.

Et de ces hommes là , pendant mon court voyage,
J'en ai bien rencontré ; leur front a le courage,
    Le génie est dans leur regard ;
Leur lèvre a le dédain , la fierté, la vengeance ;
Leur taille, la grandeur , la force , l'élégance ;
    Leur pas, le mépris, le hasard.

Des hommes que voilà, que ne doit-on attendre ?
Heureux, heureux celui qui les saura comprendre
    Et leur préparer l'avenir...
Mais qu'auraient-ils besoin de leur grand caractère ?
Leur soleil est si bon , si prodigue est leur terre ;
    Ils ont un si beau souvenir !

                    1835.

Penser à toi.

A l'heure où la pensée est plus douce, où la vie
Nous semble plus légère, où notre âme ravie
Comprend qu'il est encore un bonheur ici-bas ;
A l'heure où le vallon du seul bruit de nos pas

Retentit ; où la voix si faible d'une femme
Qui prie à deux genoux et jette à Notre-Dame
Des mots brûlans d'amour et le bluet des champs,
Trouble à peine l'écho ; quand de légers accens
Arrivent presque éteints de la haute montagne ;
Quand la nuit lentement s'étend sur la campagne ;
Que l'âme s'agrandit, que le cœur bat d'émoi !
      Qu'il est doux de penser à toi !

Assis sur le sommet de la verte colline,
      Le front pesant dans une main,
Aux pieds d'un chêne altier qu'un vent puissant incline
      Et qu'il peut renverser soudain ;
Alors que l'horizon renferme la tempête,
Qu'un nuage rapide accourt de l'occident ;
Que l'éclair en passant illumine la fête
      Et que l'agneau fuit en bêlant ;
Qu'il est doux, qu'il est doux de penser à Marie,
De dire que sa vie est belle de ma vie,
Que son premier réveil est un penser à moi ;
De savoir que mon nom est sa seule prière :
Malgré le froid nuage et cette humide pierre,
      Qu'il est doux de penser à toi !

Mon Bâton de Voyage.

Je ne t'ai point posé pour ne te pas reprendre ,
    O mon bâton de voyageur !
Quand je rêve le soir , mes deux pieds dans la cendre ,.
A ces jours où j'aimais à gravir et descendre

Les rochers de la Corse où fuit le bras vengeur,
O mon bâton noueux ! je nourris l'espérance,
En m'appuyant sur toi, de parcourir encor
    Les belles plaines de la France,
    Le Limousin et la Provence,
La Bourgogne, la Saône et le Rhône aux flots d'or.

Oui, la France, la France! oui, ma belle patrie!...
Avant d'aller au loin chercher d'autres climats,
Il faut la parcourir depuis Brest aux grands mâts;
Depuis le frais berceau de l'antique Neustrie,
Jusqu'au Pas de Roland; depuis Nîme et Toulon
Jusqu'à ces bords du Rhin qui nous restent encore;
Depuis la haute Alsace au chant mâle et sonore
Jusqu'à la riche Flandre où l'on boit le houblon.

Que de pages à lire encore dans l'histoire !
Que de beaux souvenirs et d'honneur et de gloire
De nos preux chevaliers, de nos vaillans soldats;
Que de terre sacrée à d'illustres combats;
France, que de grands noms de guerriers, de poètes,
De magistrats fameux, de princes et de rois !
Pour les tems à venir que de sublimes lois !
    Que de trouvères dans tes fêtes !

France, ô ma belle France! il faut te parcourir,

Voir tes côtes de sable où le flot vient mourir
Et tes rochers à pics où l'algue vient se pendre,
Où l'écume bondit et vole comme cendre,
Et la haute falaise où l'on voit accourir,
A l'heure du danger, vers la sainte chapelle,
Des femmes à pieds nus, apportant dans la main
Le batelet d'argent ou la cire nouvelle,
Et priant à genoux du soir au lendemain !

Il faut voir tes rochers et tes hautes montagnes,
Les neiges de l'Auvergne, et, dans tes deux Bretagnes,
    Les vastes champs de genêts verts ;
Tes modernes palais, tes monumens antiques,
Tes colonnes d'airain, tes superbes portiques,
    Que tu volais à l'univers.

Il faut aller rêver sur les bords de la Loire
A ces débris fameux de notre jeune gloire ;
Voir Chambord, où les rois se fanaient à l'honneur ;
Écouter si l'écho n'a plus le cri des meutes,
Des chevaux et des cors ; c'était là le bonheur
De ces rois éveillés au canon des émeutes!

Oh ! de quelque côté que l'on porte les yeux,

On évoque soudain une haute mémoire ;
On ouvre à chaque pas une feuille d'histoire.
Ainsi , lorsque l'on marche au soir dans les saints lieux,
Chaque pas que l'on fait résonne sous la voûte,
Et l'écho vient au cœur nous enlever un doute
Et détacher nos fronts de la terrestre route,
   Pour nous emporter vers les cieux !

Avant d'aller chercher une terre étrangère,
Je veux donc visiter , dans ma marche légère,
La France, ma patrie, un bâton à la main ;
Car voilà bien comment on forme une mémoire,
Voilà comment il faut apprendre son histoire,
   Pour la savoir le lendemain !

Et puis alors, j'irai vers la belle Italie ,
Interrogeant sa gloire et lui sondant le cœur ,
Demander si les noms dont elle est embellie
   Ont plus de force et de grandeur.

Oui, ses marbres sont beaux , ses colonnes sont belles;
Son ciel est tout azur, ses villes immortelles;
On parle en son forum de César , de Brutus ;
Là, le Tasse chanta , le Dante prit naissance ;

Michel-Ange montra sa céleste puissance ;
Au pied du Capitole on rêve de vertus !

Oui , l'Italie obtint un jour la clef du monde ,
Mais elle avait la Gaule en légion profonde ;
Rome la Libre avait pour ses peuples des fers,
Et quand elle implorait ses dieux au Capitole,
Quand elle se posait au front une auréole,
Elle vouait le peuple aux dieux de ses enfers.

Enfin , ce n'est plus toi, Liberté, qu'on adore !
Ton culte est délaissé ; Rome, esclave à son tour,
Entend ta forte voix sans un penser d'amour :
C'est en France, aujourd'hui, que le peuple t'implore,
Liberté ; donnes-lui du bonheur en retour !

O mon bâton noueux ! bientôt, l'heure rapide,
Qui m'a trouvé tout seul et m'abandonne ainsi,
S'en ira dans l'espace en nous fuyant aussi,
Et tu me resteras pour appui ; moi, ton guide,
Je te déposerai saintement sur le seuil,
De mes pieds fatigués secouant la poussière,
Et j'irai , lentement, à cette froide pierre
Où j'ai laissé mon âme en un long jour de deuil.

3

C'est là qu'il a fallu te dire adieu, mon père !
Et c'est là que toujours il me faut revenir ;
Quand le mal me saisit d'une douleur amère,
Quand mon œil qui s'éteint ne voit plus l'avenir,
Oh ! je reviens à toi, car mes pensers d'enfance,
Ton amour, tes espoirs, ton noble souvenir ,
Me consolent toujours du deuil de l'espérance.
Non , je ne sais point vivre en des climats lointains,
J'ai besoin du même air qui couvre cette tombe ;
Que m'importent le froid et la neige qui tombe,
Quand je sens cette croix étreinte de mes mains?

Quand mon pas chancelant deviendra moins facile,
Et quand l'heure en sonnant m'appellera vers lui,
O mon' bâton noueux ! tu me seras docile ,
Et tu me soutiendras alors comme aujourd'hui.
Peut-être que j'aurai de nouvelles souffrances ;
Que ma mère ; oh ! ma mère ! elle m'entend toujours ;—
Ma mère qui m'embrasse en parlant d'espérances,
Qui m'entoure des yeux et de belles amours....

Oh ! si j'allais, mon Dieu , demeurer seul au monde !
Oh ! si je n'avais plus de mère auprès de moi !...
Oh ! mais c'est impossible !... Elle seule m'inonde
De caresses, d'amour , et de craintif émoi :

Cette femme est la seule , ô mon Dieu ! qui m'adore ;
Elle guide mon cœur qui chancelle ici-bas ;
Et ce bâton noueux qui me supporte encore ,
Si tu me l'enlevais , ô mon Dieu que j'implore ,
Serait trop faible, alors , pour soutenir mon pas !

1835.

Souffrir.

11. Pharetram enim suam aperuit, et
    afflixit me.......
17. Nocte os meum pesforatur dolori-
    bus.........
                                    Job. *Chap.* ***.

J'ài déjà tant souffert, ô mon Dieu ! dans ma vie,
Que je puis obtenir ton regard de pitié ;
J'ai passé de mes jours la plus belle moitié.
L'on ne m'a pas encor montré d'un œil d'envie,

Et je ne me plains pas ! mais je puis bien prier,
Ayant toujours pleuré pour que tu me délivre,
Qu'en m'appelant au ciel où ton regard enivre,
Tu me rende à mon père ; il est mon bouclier
Contre les traits aigus dont ta juste colère
Me traverse les os, Seigneur, dans ma misère !

1835.

Souvenir de Bal.

Non, ce n'est plus le bal aux blanches jeunes filles,
Quand, rieuses toujours, on les voyait gentilles
    A nous accourir vers le soir;
Quand, belles de plaisir, elles venaient légères;

Qu'elles nous souriaient , et que leurs bonnes mères
    Près d'elles nous faisaient asseoir ;

Quand le galop divin et que la valse folle
Faisaient battre le cœur sur le cœur d'une idole
    Qui nous enivrait du regard ;
Quand Marie écoutait , d'une oreille inquiète ,
Les mots que je disais , et que sa belle tête
    Sur moi se penchait au hasard ;

Lorsque sa blanche main frémissait dans la mienne ,
Et que sa voix disait : « Que ton cœur se souvienne ,
    « Albert, je t'aimerai toujours ! »
Alors qu'elle semblait heureuse de me plaire ,
Que Marie aimait tant qu'elle ne pouvait taire
    Notre bonheur et nos amours !

Le tems qui foule aux pieds la rose qu'il effeuille,
Le bouton frais éclos comme la jeune feuille
    Qui ternit nos fronts en passant ;
Le tems dont j'ai subi si jeune encor l'étreinte,
Dont mes cheveux blanchis gardent déjà l'empreinte
    Qui courbe mon front impuissant;

Le tems a dépouillé ces brillantes parures,
A détruit en un jour ces rieuses figures,
    Les a fait creuses sous sa main.
Oh ! comme j'ai souffert, lorsque j'ai vu ma vie,
Froide comme un néant, sans amour, sans envie ;
    Que je fus délaissé soudain !

Quand je me suis trouvé seul dans un jour de fête,
Dans mes deux mains alors quand je brisais ma tête,
    Et que toujours brûlait mon cœur ;
Malgré mes cheveux blancs, quand je sentais mon âme,
Brûlante comme au jour où, partageant ma flamme,
    Elle me parlait de bonheur ;

Mon Dieu ! que j'ai souffert ! quel réveil, et quel rêve !
Comme la feuille au vent qu'un tourbillon enlève
    Sans attendre de lendemain,
J'allais dans mon esquif, en suivant son étoile,
Incertain si le vent fesait virer ma voile,
    Car sa main était dans ma main.

Maintenant que ma tête est blanche, et que Marie
De mes jours attristés a détaché sa vie
    Sans me laisser un mot d'espoir ;

Que le flot qui me pousse est menaçant, rapide ;
Qu'il ne me reste plus son étoile pour guide ,
    Je demande mon dernier soir.

Que serait donc pour moi toute aurore nouvelle ?
Un souvenir de plus ! Marie était si belle !
    Enivrant était son regard ;
Quand Marie écoutait d'une oreille inquiète
Les mots que je disais , et que sa belle tête
    Sur moi se penchait au hasard.

Non , ce n'est plus le bal aux blanches jeunes filles ,
Quand rieuses toujours on les voyait gentilles
    A nous accourir vers le soir ;
Quand , belles de plaisir elles venaient , légères ,
Qu'elles nous souriaient , et que leurs bonnes mères
    Près d'elles nous fesaient asseoir.

Printems.

Le pied sur une tombe on tient moins à la terre.
ALPH DE LAMARTINE.

Quand la rose se fane et que dans la ramée
Les feuilles, en tombant, effraient les oiseaux ;
Que le ciel est plus bleu ; lorsque dans nos hameaux,
Déjà, quand le soir vient, s'élève la fumée ;

Que l'airain qui tinte au couvent
Et nous appelle à la prière,
Arrive plus sonore, et que déjà le vent
Déracine le chêne où s'appuyait le lierre ;
Quand l'ormeau qui s'incline à l'ouragan brumeux,
En vain cherche à garder son plus rare feuillage ;
Quand déjà nous voyons le rustique ermitage ;
Et que, près des flots écumeux,
La jeune fille en pleurs, à l'horizon regarde ;
Que l'épouse, pieds nus, va, le cœur sans espoir,
Prier pour le marin, à l'Angélus du soir,
La Notre-Dame-de-la-Garde ;
Quand on voit, dans les champs, l'homme tendre la main
Sous les haillons de la misère ;
Que le cours des ruisseaux, limpide, se resserre ;
Que la verte prairie aura blanchi demain,
Qu'importe de mourir ? oh ! oui, mon Dieu, qu'importe!
A cette heure de vie où la nature en deuil
Est semblable à la veuve à genoux à sa porte,
Regardant partir un cercueil ;
Quand le pas que l'on fait sur la terre s'efface,
Qu'importe de mourir ? nul ne viendra rêvant
Pour chercher le sentier par où le convoi passe ;
Car les flocons de neige et la feuille et le vent
Soudain auront détruit la trace
Comme le souvenir qui reste d'un mourant !
Qu'importe de mourir quand la nature est morte,

Qu'importe de mourir, quand il n'est plus aux cieux
Un pâle azur d'été pour ranimer les yeux,
Sur la terre d'encens que le Zéphyr apporte ;
Alors, alors, Seigneur, je consens à mourir :
Mais mourir aujourd'hui, quand commence la vie ;
Quand l'âme de parfums jusqu'aux cieux est ravie ;
Que le sang dans la veine est heureux de courir ;
Grâce, grâce, Seigneur ! quand la nature est belle,
Quand les lilas en fleurs disent des chants d'amour,
Quand fleurit l'amandier ; quand revient l'hirondelle ;
Quand l'aurore est si douce, et si tiède le jour !
Mourir, mourir, Seigneur ! au printems, à la vie !
Lorsque mon front n'est pas blanchi par trente hivers !
Comme une feuille verte à l'accacia ravie,
Moi, poète, mourir !.... Mes veilles et mes vers,
Mes rêves d'avenir et mon brillant poème,
La lave que mon front ne pouvait contenir...
Adieux à tout cela ! Tu ne vas point venir,
Palme que je rêvais ! voici l'heure suprême.
Mon front s'incline jeune, et se flétrit mon cœur ;
Allons, il faut mourir quand je rêvais encore ;
Mon sang se ranimait, et ma voix, plus sonore,
S'élançait vers les cieux en parlant de bonheur !...
Oh ! ce dernier éclair a brisé de mon âme
L'enveloppe argileuse : adieu la terre, adieux !
C'est mon dernier effort, mon dernier jet de flamme,
Je le sens, car déjà se sont ternis mes yeux.

Adieu beaux souvenirs! adieu belle jeunesse,
Et mes pensers d'amour et le nom que j'aimais;
Adieu, vous, mes amis; adieu, vous, mon ivresse!
Ma lyre, mes pinceaux, adieux à tout jamais!...
Quand le soleil demain viendra vous apparaître,
O mes livres aimés! ce ne sera plus moi
Qui pour vous consulter ouvrirai la fenêtre.
Mon chien, mon vieil ami, je vais partir sans toi;
Mes coursiers que ma voix retrouvait si dociles,
Je ne vous verrai plus, dans vos élans faciles,
A l'envi devancer les chars de vos rivaux.
Adieux, adieux à tous! et ma belle campagne,
Et mes arbres fleuris, et mon parc et ses eaux;
Ma chambre de travail... Déjà le froid me gagne;
La fièvre qui m'étreint, au cœur va promptement.
Un jour, une heure encore, ô mon Dieu! seulement
Une heure pour prier! une seule prière,
Le tems de lire un nom sur cette froide pierre,
           Près de la tombe qui m'attend ;
Le nom d'un père aimé, qui fut ma seule idole,
           A qui je parle et qui m'entend.
A ma mère, un regret, une seule parole,
Un long baiser d'adieu! Ma mère, c'est l'espoir:
Elle croit au printems, et cette aube nouvelle
Qui reflète en mon front est si pure et si belle!
Ma mère qui sera toute seule ce soir ;
Car je me sens mourir. Déjà mon œil contemple,

Dans un rayon divin , le Seigneur. Jéhovah !
J'entends des saintes voix qui disent l'Hosanna :
Son trône est dans le ciel, l'univers est son temple.
Adieu donc, adieu donc ! Des bras me sont ouverts :
Mon père, qui m'attend , me sourit et m'appelle.
Non , je ne verrai plus la neige des hivers
     Et la rose au printems si belle.

1835.

Au Jour.

Qui le croirait, hélas! que ces pensers de gloire,
Le sang qui bouillonnait en remontant au cœur;
Qui croirait que ces noms à léguer à l'histoire,
Ces grands mots de patrie et ces rêves d'honneur,

4*

Ne se retrouvent plus dans le siècle où nous sommes !....
Et voilà bien pourtant comme sont faits les hommes !
L'airain sombre et sévère a fatigué leurs yeux !
Il faut l'éclat de l'or pour leur charmer la vue ;
A l'azur d'un beau ciel ils préfèrent la nue ,
Car on dirait l'argent. Ils ont refait leurs dieux
De pierres, de métal ! Oh ! lorsque dans son âme
On couve saintement , ainsi qu'un jeune amour,
Un beau penser de gloire auquel le front s'enflamme ;
Qu'on y rêve la nuit, qu'on y rêve le jour !
Et puis, que l'on entend les mille voix du monde
Qui parlent des héros sacrés par les combats ;
De ces preux d'autrefois , de nos vaillans soldats ;
Du peuple fait guerrier, comme de foule immonde !
La tourbe de valets, qui , s'arrogeant nos droits,
Quand on la voit s'asseoir à notre belle place ,
Effaçant de son pied notre sublime trace ,
Et d'un contact impur avilissant nos croix !
Quand nous cherchons en vain sur le bronze et la pierre
Ces grands noms que le peuple, en sa sainte fierté,
Prononce tous les jours dans sa mâle prière ;
Noms de ces hommes morts en criant : Liberté !
Alors qu'agenouillés saintement sur leur tombe ,
Nous rêvons, l'œil baissé, leur brillant souvenir ;
Que le tertre sur eux s'affaisse et puis retombe,
Comme sur notre front leur rêve d'avenir !
Quand nous voyons rougir dans leur froide colère

Ces hommes qu'un seul mot du peuple fait frémir ;
Qu'ils marchent sur nos fronts ainsi que sur leur terre ;
Que le peuple ne peut se plaindre ni gémir !
Quand ils s'en vont criant que la France est heureuse,
Que le peuple jamais n'a vu de plus beaux jours ;
Car leurs bals sont brillans, leurs belles nuits nombreuses!
Oui, car leurs coffres-forts se remplissent toujours...
Oh ! quand on voit cela, l'on peut bien, dans son âme,
Se forger de la haine et se fermer la main,
Afin qu'au jour venu l'on se lève soudain
Comme un chant de martyr au milieu de la flamme.

Décembre 1835.

Vierge.

Oh ! ne pouvoir pas dire et répéter au monde :
Voyez-vous cette femme au regard enivrant,
Au doux baiser qui pâme, au toucher délirant ;
    Dont la voix est douce et profonde ;

Voyez-vous ces yeux bleus et ces longs cheveux noirs?
Ce sein qui nous décèle un cœur plein de tendresse,
Ce corps fait par l'amour pour inspirer l'ivresse;
    Eh bien! moi je puis, tous les soirs,
De mon regard de feu contempler cette femme;
De mon baiser brûlant couvrir sa lèvre; moi,
Je puis à sa jeune âme aussi mêler mon âme;
Nos cœurs ne font qu'un cœur et nos voix une voix :
Je puis, sous ces cheveux, cacher aussi ma tête;
Sous ma main je puis voir tout ce corps frissonnant;
A moi seul appartient ce regard séduisant
    Que l'on admire dans la fête;
Je puis, quand je le veux, voir palpiter son cœur;
Je puis, de mon toucher, l'enivrer toute entière,
    Et chaque soir entendre sa prière
Sur moi seul appeler l'avenir, le bonheur;
Oui, je puis tout cela! Je pourrais plus encore,
Car c'est moi, voyez-vous, que cette femme adore;
Et, si je le voulais, elle dirait au jour
Nos baisers, nos bonheurs, sa joie et notre amour!
Mais non, ces bonheurs là se doivent taire au monde,
Au monde qui nous jette entraves et liens;
Qui vous montre une barque abandonnée à l'onde,
Sans pilote à son bord, sans foc, sans gardiens;
Au monde, qui défend de porter l'espérance
A ce frêle bateau qu'un flot peut renverser;
Qui vous montre un enfant, et défend de bercer

Ses premiers jours de vie à des mots d'espérance.
Non, cette femme là ne connut que trop tard
Mon amour qui l'étreint, mon regard qui l'enivre ;
Un autre sur ses pas s'est trouvé par hasard,
    Et cet homme, elle doit le suivre.

Et moi ! moi, je n'avais rien que son lendemain !
Encor si l'œil d'hier décelait le génie,
    J'en supporterais l'agonie.
Oh ! comme il faut aimer pour se dire soudain,
    Quand l'œil contemple une maîtresse,
    Lorsque le corps reçoit une folle caresse,
    Que feuille à feuille on peut faner la fleur,
Quand on dit : elle à moi ! Lorsque le cœur s'enivre
    Et lorsque l'âme se sent vivre ;
    Lorsque l'œil répand un doux pleur,
Oh ! comme il faut aimer pour n'avoir point de haine
    A jeter sur le premier jour
De celle qu'on séduit, de celle qu'on entraîne,
Et dont un autre obtint le premier cri d'amour !

Mais des pleurs d'une vierge avoir sa couche teinte,
　　Être brisé de sa première étreinte,
　　Et voir couler son premier pleur ;
Oh ! c'est là de la vie et c'est là du bonheur !
　　Boire son souffle et son haleine,
　　　　Et le premier
　　Sentir un feu remplacer dans la veine
　　Le sang qui battait régulier.
Oh ! donnez ce délire et prenez de ma vie,
　　Car j'achèterais un tel jour
　　Du dernier regard de Marie ,
De mon amour d'hier, de mon premier amour.

Et moi, je me souviens de cette folle ivresse,
Car c'est un souvenir qui demeure à jamais ;
Je me souviens que celle que j'aimais...
　　Me fut infidèle maîtresse.
Pour tout un avenir , pour tout un monde d'or ;
Pour mon corps tout entier et pour mon âme entière ;
Pour la part qu'il me faut d'éternelle lumière ,
　　Oh ! que je voudrais croire encor
Que cette âme brûlante à moi qui s'est livrée
　　Me donnait son premier bonheur,
Qu'elle fut vierge enfin de mes sens enivrée ;
J'y voudrais croire un jour et mourir sur son cœur.

Dernier Sourire.

Lorsque de ses deux bras elle enlaçait ma vie ;
Quand son souffle d'amour me brûlait tout entier ;
Alors qu'éveillé le premier,
Je m'enivrais, sur sa lèvre embellie,

5

Du soûvenir de nos jeunes amours ;
Lorsque, penché sur son haleine,
    Je mêlais mon âme incertaine
A sa belle âme, et mes jours à ses jours ;
Alors que je vivais de rêves d'espérance ;
Quand l'avenir se déroulait pour moi ,
    Paré de sa jeune constance,
    Appelé de sa douce voix ;
Alors qu'elle disait : « Mon époux, ma seule âme,
    « Mon seul ami, mon seul espoir,
    « O toi que je démande au soir,
« A toute heure, en tous lieux; ô toi que je réclame ,
    « N'est-il pas vrai ? ta main fut dans ma main ;
« Ton souvenir d'hier, l'avenir de demain,
« Ton regard, ton amour, ton âme délirante,
« Tout en toi m'appartient, et ta lèvre brûlante
    « Recevra mon dernier soupir,
    « Et tu n'auras qu'une couche enivrante,
« Qu'un penser au réveil, qu'un songe et qu'un désir. »
Ah ! lorsqu'elle disait ainsi notre délire ,
Nos pensers de la nuit, notre rêve du jour,
Mon amour et ma joie étaient dans son amour.
Mais ils se sont éteints dans son dernier sourire.

                    18..

A l'Automne.

Quand reviendra l'Automne et la feuille jaunie,
Quand les pâtres aux champs ne s'attarderont plus,
    Quand les bois seront moins touffus,
    Vers le charme à la branche unie

Ensemble nous irons pour chercher le bonheur,
Ensemble, n'est-ce pas, lorsque le moissonneur
   Rentrera sa dernière gerbe,
   Tous deux agenouillés sur l'herbe,
   Jeune Marie au doux regard,
   Aux pieds de l'indulgent vieillard,
Pour notre jeune enfant au sourire d'archange,
   Nous irons parler d'avenir,
Et lui, ce bon vieillard, aux baisers du jeune ange
Lèvera ses deux mains, et voudra nous bénir.

   Jusqu'à ce jour si loin encoré,
   Que lentement revient l'aurore,
   Que lentement s'en vont les jours!
   Et cependant, ma jeune amie,
   Dans tes baisers je bois la vie;
   Tes regards me suivent toujours.

   Cette étreinte que je te donne,
   Sous laquelle ton corps frissonne,
   Tu peux la rendre à mon enfant;
   Notre avenir, notre espérance,
   Sont tous dans ce baiser d'enfance
   Qui déjà nous vient en dormant.

Mais aussi , quand le soir , dans la vaste chaumière ,
    Auprès du paternel foyer ,
De la voix de l'aïeul descendra la prière ,
    Oh ! qu'il sera doux de prier !
Qu'il sera doux , pendant une longue veillée ,
    Ton jeune enfant assis sur tes genoux ,
    De sa mémoire réveillée ,
    Ouïr un récit fait pour nous !

Quand reviendra l'Automne et la feuille jaunie ,
Quand les pâtres aux champs ne s'attarderont plus ,
    Quand les bois seront moins touffus ,
    Vers le charme à la branche unie ,
Ensemble nous irons pour chercher le bonheur ;
Ensemble , n'est-ce pas , lorsque le moissonneur
    Rentrera sa dernière gerbe ,
    Tous deux agenouillés sur l'herbe ,
    Jeune Marie au doux regard ,
    Aux pieds de l'indulgent vieillard ,
Pour notre jeune enfant au sourire d'archange
    Nous irons parler d'avenir :
Et lui , ce bon vieillard , aux baisers du jeune ange ,
Lèvera ses deux mains , et voudra nous bénir.

           1834.

La Gloire.

Ce mot, le mot des dieux et des hommes.... Je l'aime;
Voilà ce qui vaut un soupir.

LAMARTINE.

La gloire ! quand ce mot si puissant nous enivre,
Comme il est bon alors, comme il est beau de vivre !
Pour s'en aller du monde en laissant après soi
Un nom que l'on s'est fait ! plus grand qu'un nom de roi,

Qui ne voudrait donner la moitié de sa vie ?
Cette gloire qui fait que notre âme est ravie ;
Qui grandit notre front , fait battre notre cœur ;
Cette gloire qui fait que l'on rêve au bonheur ;
Qui saisit votre nom et l'emporte sans cesse ,
Fascine le regard comme une sainte ivresse ;
Oh ! qui ne donnerait, pour la toucher un jour,
Sur la terre une part de sa vie en retour ?
Si l'on avait à soi de puissantes richesses ,
De superbes honneurs , de folles allégresses ,
Des croix ou des bijoux , des châteaux , un trésor ;
  Oh ! si l'on avait dans son âme
  Une sainte et sublime flamme
De poésie ; enfin , si l'on avait encor
Un long regard d'azur à jeter sur la terre ;
Au chevet de son lit des amis , une mère ,
Pour prix d'un peu de gloire on leur dirait adieux ,
Le front pur , l'œil sans pleur et le regard aux cieux !
Oui , tout cela , vraiment , pour une heure de gloire ,
Pour inscrire son nom au grand livre d'histoire ;
Pour être noble aussi par les lettres , les arts ,
La science , ou la guerre aux brillans étendards !
Oui , tout cela , vraiment , pour poser sur sa tête
  Une couronne de laurier ;
Pour entendre son nom , dans une heure de fête ,
Parmi des noms rivaux , proclamé le premier.
De cet espoir brillant combien j'étais avide !

Chaque jour je priais le ciel avec ferveur,
Et j'essayais en vain, dans ma course rapide,
Mes forces que j'avais doubles dans mon ardeur !
Eh bien ! tout cet espoir, cette gloire si belle,
Le nom que je voulais, cette palme immortelle
Que ma main s'efforçait à cueillir, aujourd'hui
Je vous l'offre, Seigneur, et demande en échange
Un seul regard, un mot, qui vienne de cet ange
Qui sur mes tristes jours comme une étoile a lui.
Oh ! vous savez, Seigneur ! un mot de cette femme
Qui viendrait jusqu'à moi, porterait dans mon âme
Un trouble, je le sens, qui serait du bonheur !
Je le paîrais, ce mot, en lui donnant mon cœur
Et tout mon avenir d'amour et d'espérance ;
Car son regard d'azur chasserait la souffrance
Qui pèse sur mon front ! Oh ! donnez dans mes cieux
Cette étoile, Seigneur, pour reposer mes yeux !
Ainsi qu'à deux genoux on demande un obole,
     Je la demande ; écoutez-moi,
Laissez-moi me placer sous sa belle auréole,
Faites-lui partager un peu de mon émoi,
Et je repudîrai tous ces rêves de gloire ;
Tous les soirs, ô mon Dieu ! je viendrai pour prier ;
J'aurai son nom d'amour pour ma seule mémoire,
Et son divin regard sera mon seul laurier.

                  1855.

Une Fête.

Oui, par ma foi ; c'était une brillante fête !
L'air embaumait de femme et d'odorantes fleurs,
Les lustres scintillaient de leurs mille couleurs :
Cet éclat, ces parfums, vous portaient à la tête.

Quand un penser d'amour vous vient bercer au cœur ;
Quand le baiser du soir erre encor sur sa bouche
Et que l'on sent venir, étendu sur sa couche,
Ce sommeil qui succède à *son* nom de bonheur ;
Lorsque notre regard se détache du monde,
Suivant dans ses détours la fantastique ronde,
Il s'enivre d'espoir aux rêves qu'il s'est fait ;
Et comme on fait le soir, en donnant aux nuages
Une forme qu'on aime et que le vent défait,
Il ne donne qu'un nom à ces mille visages.
Ainsi je m'enivrais et d'espoir et d'amour,
En suivant du regard ces parures brillantes ;
Car moi, je n'entendais, dans ces foules bruyantes,
Qu'un nom : un seul regard me payait de retour !
Oh ! tout cela c'était un rêve, rien qu'un rêve,
Je le sais ; que m'importe ?... Un rêve de bonheur,
Mais c'est toujours assez pour vous remplir le cœur...
Ah ! puissé-je mourir avant qu'il ne s'achève !....

Décembre 1835.

Ton Nom.

Ange qui me souris, rêve, folle chimère,
Doux espoir, songe vain qui m'inspires toujours;
Reviens à moi, reviens; dans ma douleur amère
C'est toi seul qui me fais de doux soirs, de beaux jours!

6

Oui, lorsque ton regard vient visiter ma vie,
J'ai des rêves puissans de gloire et d'avenir;
J'ai des pensers d'amour à mériter l'envie,
Et des mots de bonheur pour mon long souvenir.

Ange ou léger démon, qui que tu sois, je t'aime;
Tu m'inspires mes chants, tu calmes mes douleurs;
Si je souffre, ton nom, que je dis en moi-même,
Rappelle mon sourire et seul tarit mes pleurs;
Ton regard, tes doux mots, sont l'aimant qui m'enchaîne;
Comme le frêle esquif retenu par sa chaîne,
Vois-tu, moi je ne tiens au monde que par toi.
Et si l'on détachait cette faible nacelle,
La vague s'en irait la broyer, la cruelle,
Contre l'âpre rocher. Hélas! ainsi de moi:
Si tu brisais un jour l'amarre qui me lie,
Ma barque, abandonnée à la lame en folie,
Irait non loin de toi se briser au rocher.
Peut-être au lendemain que viendrait un nocher
Te montrer les débris dispersés sur la plage,
Et lire, sur la poupe échappée au naufrage,
Les lettres de ton nom. Car je porte en mon cœur,
Comme un esquif en poupe, en brillant caractère,
Le nom que l'on te donne, ange, sur cette terre,
Comme les saints le nom que l'on donne au Sauveur.

Décembre 1835.

Du Peuple.

Non, ce n'est plus le tems des discordes civiles,
Et nous ne verrons plus, promené par les villes,
Elevant ses deux bras, le sanglant échafaud !
Ces jours où, dés vains noms de l'Italie antique

On parait les héros de notre république,
Quand elle moissonnait de son immense faux !
Ces jours se sont éteints pour ne plus reparaître,
Et les peuples enfin à leur tour ont compris
Que, dans ces jours de sang achetés si haut prix,
Ils n'avaient fait, hélas ! que de changer de maître !

Or, ce n'est point ainsi que se fait l'avenir,
Que le peuple se crée une force nouvelle.
L'histoire ! le passé ! vains mots que l'on épelle
Et qui ne sauraient pas empêcher de venir
La sainte liberté que le grand peuple appelle !
Qu'importe, quand le siècle est en marche, comment
Se meut l'ambition ! ce que veut un monarque !
La fouge des partis ! Que peut, contre une barque
Que pousse la vapeur, ou le flot, ou le vent ?
Elle marche toujours, elle marche sans cesse !
Nargue du flot qui vient tomber contre ses flancs...
Ainsi le peuple fait : il resserre ses rangs,
Et marche vers son but, sans crainte ni faiblesse ;
Il va toujours, toujours, et ne demande pas
Comment les tems passés ont cadencé leur pas :
Il mesure les siens aux dangers de la route,
Sa marche est inégale, il se presse, il écoute,
Et se repose et part ; mais, pendant son repos,
Il jette sa poussière et drape son manteau,

Afin que rien ne vienne embarrasser sa course !
Puis , quand il a basé sa force et son appui,
Sans demander jamais conseil autour de lui ,
Il franchit le torrent sans en chercher la source.

Ainsi marche le peuple à son but, et sa main,
Sans prévenir jamais, renverse les obstacles
Ou les tourne parfois, les dédaignant soudain !
Sa voix n'a point de mots qui ne soient des oracles :
Rois, tyrans, prenez garde , il est las de souffrir !
Il se fatigue enfin du joug dont on l'accable.
Il va toujours, et vous, vous resserrez le câble,
Et vous voyez en vain le flot qui vient mourir
A vos pieds, remplacé par le flot qui succède.
Prenez garde à la mer, elle monte, et demain
La digue avec effort qu'éleva votre main
Sera détruite aussi. Le peuple, à qui tout cède,
Peut vous donner une heure, un jour, et même un an !..
Il sourit au lien dont votre bras l'enchaîne,
Car de son moindre effort il briserait sa chaîne,
Et la ferait peser au front de son tyran.

Décembre 1835.

6*

Résignation.

Pourquoi j'ai tant souffert; pourquoi mon front s'abaisse;
Pourquoi, dans le sentier que je suis lentement,
Je n'ai pas rencontré, dans ma longue détresse,
Une source, un abri, le rocher seulement,

Pour y cacher mon corps maigri par la souffrance ;
Pourquoi, si jeune encor, je parle d'espérance,
Sans la comprendre, hélas! pourquoi, mon Dieu, pourquoi?...
Est-ce donc qu'oubliant la loi que l'homme impose,
J'ai voulu m'emparer d'une étrangère chose?
Que j'ai trahi soudain mon serment et ma foi?
Est-ce donc que ma main, dans un jour de vengeance,
A saisi mon poignard pour venger un affront?
Non, car j'ai vu de l'or sans rougir d'indigence,
Et je n'ai pas de sang à laver sur mon front.
J'ai souffert sans jamais essayer une plainte ;
Sans comprendre pourquoi ; sans montrer mes douleurs
A vous, qui des plaisirs ne sentez que l'étreinte,
Gens du monde, et dont l'œil ne connaît point les pleurs.
Vous ne comprenez pas un mal qui vient de l'âme ;
Vous ne le voyez pas... Oh! vous êtes heureux!...
Vous plaignez le souffrant qui s'étale et réclame
L'aumône que l'on doit au faible, au malheureux :
Vous êtes grands alors, vous êtes charitables,
Car vous avez jeté les débris de vos tables
En laissant choir un mot de morgue et de pitié!...
Je ne suis pas venu, moi, demander à vivre !
Je suis fier! vous avez cru que j'allais vous suivre :
Quelques-uns, parmi vous, m'ont offert l'amitié.
Mais quand le mal venait qui me broyait la face,
Vous avez voulu voir la place où je souffrais ;
Et quand vous n'avez pu la toucher, cette place,

Que mon regard fut terne et mon habit moins frais,
Pour ne pas voir couler les pleurs de ma paupière,
Vous m'avez fui soudain, en me faisant offrir
De l'or par vos valets ! de l'or !... A la lumière
J'ai reçu cet affront, et n'ai point su mourir !...
Arrière ! croyez-moi ; vous tous, vous gens du monde ;
Vous n'êtes point de taille à venir jusqu'à moi !...
J'ai vécu votre vie et subi votre loi ;
Mais vous m'avez sali de votre souffle immonde :
Voilà, quand j'ai souffert, quels ont été mes maux.
Je sentais sous mon front des élans de génie ;
J'entendais dans mes nuits des concerts d'harmonie,
Et ma voix préludait comme à des chants nouveaux.
Mais pourquoi la souffrance au chevet de ma couche
S'est assise, et pourquoi je la surmonte en vain ;
Pourquoi mon front est lourd sous son front qui me touche,
Pourquoi mon sang se glace au toucher de sa main,
Je l'ignore. Est-ce donc, Seigneur, que la prière
Que je t'adresse au ciel est impure à tes yeux ;
Est-ce donc que j'ai fait une faute première,
Un crime qui n'aura pardon que dans les cieux ;
Est-ce donc que j'ai pu te faire quelqu'offense ?
Mais j'ai toujours suivi tes lois, et dans mon cœur
J'ai gravé tes bienfaits, tes pardons, l'indulgence
Que tu garde en ton sein pour le pauvre pécheur !
Oh ! non, je ne crois pas, mon Dieu, que dans ma vie
Un seul jour ait passé sans que je vienne à toi

Elever saintement et mon cœur et ma foi ;
Sans que sous ton penser mon front ne s'humilie !
Car en vain j'ai souffert ; je suis venu toujours,
Pour célébrer ton nom, sous les vastes portiques,
Chanter avec les chœurs qui disent les cantiques,
Et mêler à leurs voix mes célestes amours.
Et maintenant encor que le mal me domine ;
Que mon pas est plus lent, que mon corps est plié,
On me voit au parvis, encore agenouillé,
Célébrer chaque jour ton essence divine.
Béni, béni sois-tu, toi mon Dieu, mon Sauveur !
Quand je pense, ô Seigneur ! à ta longue souffrance,
J'aime à souffrir toujours, et ma seule espérance
Est d'obtenir le ciel à force de douleur.

Octobre 1835.

Ma Mère.

En vain le tems qui fuit me touche de son aile ;
En vain mon front blanchit et mon pas est plus lent ;
En vain mon jour plus sombre à cette heure éternelle
Touche ; déjà mon œil, plus froid et plus pesant,

Dans ces rêves détruits, dans mes songes d'ivresses,
Mère, revoit encor ces pleurs et ces caresses
    Que tu donnais à ton enfant !

Tous ces brillans salons, cette gloire éphémère,
Ces longs pensers d'amour qui font vibrer le cœur
Quand le sang est plus froid et l'âme plus sévère,
Sont pour nous le mirage et son reflet trompeur.
Mais ces baisers reçus à l'aube de la vie,
L'étreinte maternelle et sublime et bénie,
    Le rêve éteint, sont le bonheur !

Mon cœur s'était brisé ; les choses de la vie,
Quand la mort me ravit mon père, mon amour,
Ne trouvaient plus en moi désir, espoir, envie ;
J'attendais en pleurant l'heure où viendrait mon tour.
Mais le ciel me laissait le baiser de ma mère,
Et son baiser a fait mon âme plus légère,
    Car nous avons un même jour.

Vingt-Cinq Décembre.

Car les hommes souffraient, car ils avaient la mort;
Car les larmes venaient inonder leurs paupières,
Et qu'ils avaient maudi, créant des dieux de pierres,
Leur Dieu qu'ils blasphémaient, lui reprochant leur sort!

7

Car ils avaient du sang à laver à leur face,
Que des pensers impurs avaient sali leur front ;
Car la boue et la fange avaient marqué leur trace,
Car ils jetaient à tous et l'injure et l'affront !...
Un enfant est venu pour racheter leur crime ;
Enfant né d'une vierge et d'un Dieu ! qui s'est fait
Homme pour nous sauver ! O dévoûment sublime !
Non, les hommes n'ont pu l'invénter, un tel fait ;
Dieu seul peut l'accomplir. On dit que c'est un rêve !
Mais quel front ici-bas pourrait le concevoir,
Ce rève qui commence en une étable au soir,
Sur une simple croix qui tout sanglant s'achève!!!
Oh ! les rêves d'un homme, ils sont de pourpre et d'or !
Ils ne font pas leur Dieu naître dans la chaumière ;
Ils n'ont pas une étoile à donner pour lumière,
Ils n'auraient pas donné la vertu pour trésor !

1835.

Bonheur.

Oh! quand les jours viendront, disais-je en mon jeune âge,
Ainsi qu'un doux soleil vient remplacer l'orage,
Ainsi, je me disais, les douleurs s'enfuiront,
Et mes rêves déçus peut-être reviendront.

Je disais, je disais, et, mesurant la vie,
Mon œil crut approcher de cette heure d'envie
  Dont l'airain me trompait toujours ;
C'est qu'une voix soudain me parlait d'espérance,
C'est qu'un regard d'azur, comme un regard d'enfance,
  Souriait comme en mes beaux jours.
Oh ! qui me la rendra? délirante pensée,
  Cette heure promptement passée
  Qui n'eut pas de retour pour moi.
De mes jeunes pensers, de cet âge rapide,
Où l'on suit plein d'espoir le rêve qui nous guide,
  Où le cœur bat comme d'émoi,
Au toucher, au regard qui frôle notre vie ;
Quand j'avais, au lever, un penser de Marie
  Qui me revenait chaque soir ;
Alors, combien alors ma vie était légère !
Mon avenir était une joie éphémère ;
  Et mon présent mon seul espoir.
  Oh ! que c'était une heure ravissante,
  Cette heure où le baiser d'amante
  Attendait mon heureux réveil !
  Oh ! que c'était une nuit de délire
Impossible à penser, impossible à redire,
  Quand mon baiser caressait son sommeil !

Fuyez, vains souvenirs qui me bercez encore

Avec les premiers feux de la dernière aurore ;
　　Partez, remontez vers les cieux ;
Car de ces bonheurs là le ciel tient jalousie ;
Vous êtes trop puissant pour vivre notre vie ,
　　Bonheur! vous qui venez des dieux.

Pensée.

Oui, chaque jour qui tombe emporte de mon âme,
Comme chaque zéphyr une feuille à la fleur,
Comme chaque baiser un rêve à toute femme,
Comme un mal qui nous ronge aux paupières un pleur;

Oui, toute heure qui passe éteint une auréole,
Et cette vive étoile au matin qui nous luit,
Qui décrit en brillant sa riche parabole,
Bientôt nous apparaît comme on voit dans la nuit,
Au milieu des brouillards, une rouge lumière,
Blafarde, qui paraît sans rayons, sans éclat,
Pour vous dire : Là-bas, dans la pauvre chaumière,
On veille un mort ! Le penser que voilà,
C'est le premier qui vient à cette heure où l'on rêve
A ceux qui ne sont plus, car on croit tout d'abord,
Alors qu'on est enfant et qu'on pense à la mort,
Qu'elle regarde ainsi, lorsqu'elle nous enlève !

Janvier 1836.

J'aime.

Sur mes lèvres aussi, moi j'avais un sourire,
Et mon regard lançait des éclairs de plaisirs ;
Tout mon sang s'allumait sous le feu des désirs,
Et mon front se gonflait en rêvant un délire !

Oh ! moi j'avais aussi des songes grâcieux,
De doux propos d'espoir, de riantes pensées ;
Oh ! je savais aussi redire de mes yeux
Ces paroles d'amour qui ne sont pas pensées ;
Oh ! je savais le monde autrefois comme vous,
Jeunes hommes si vains de vos figures roses,
A la barbe pointue, aux lèvres demi-closes ;
Oh ! j'avais un parler cadencé, lent et doux,
Et mon boudoir était l'horizon de ma vie.
Je jetais sur mes jours un long regard d'envie,
Je parlais de plaisirs en croyant au bonheur,
Et je causais souvent de mes longues tristesses.
Mais j'avais des chevaux et de folles maîtresses
A m'enivrer la tête, à me remplir le cœur !

Et c'était une honte, une lâche folie !
Je fanais à plaisir les feuilles de ma vie,
Et je couvrais de fange et mon âme et mon front :
Moi-même, sur ma joue, oh ! je clouais l'affront !...
J'estimais le génie au prix de la matière ;
Je regardais la femme à l'égal de la pierre,
Plus ou moins bien taillée ; et je reniais Dieu !
Et je croyais honneur de vivre de paresses ;
Et je mettais ma gloire à compter les caresses
Que l'on me prodiguait ; à boire du vin vieux,
A m'enivrer de punch et d'orgie et de femme ;

A réclamer Satan pour lui vendre mon âme ! '
A payer de l'amour avec mes rouleaux d'or !...
Oh ! c'était une honte, et j'en rougis encor !!!

Maintenant, maintenant! je travaille, je pense ;
J'interroge mon front, je sonde l'avenir :
Je crois, je crois en Dieu; je l'adore et l'encense,
Et je le prie au soir pour mon jour à venir.
Du passé j'ai perdu la fébrile mémoire,
Je fixe du regard un beau rayon de gloire ;
Je prononce tout bas un nom qui me sourit ;
Je le couve en mon sein, je l'étreins, je l'enserre
Comme une jeune plante enfermée en la serre ;
Car c'est un nom d'amour! un nom qui me nourrit
Et l'âme et la pensée à des mots d'espérance ;
C'est lui qui me fait vivre, en éloignant de moi
Les souvenirs de honte et de vive souffrance
Qui me fesaient rougir dans mon nouvel émoi !
C'est un nom que j'enferme et que je cache au monde ;
C'est lui qui m'a tiré de cette fange immonde
Qui souillait mes habits et mon front et mon cœur,
Et c'est lui qui m'apprend à rêver au bonheur !!!

C'est que j'ai maintenant une nouvelle vie !
C'est que j'aime du cœur, c'est que j'aime d'amour ;

Qué les saints du Seigneur me porteraient envie
Si mon âme obtenait un penser de retour!

Décembre 1835.

Adieux à Bruxelles.

Que j'aimais cette ville ! Elle est vaste et bruyante.
J'aimais ses beaux palais, ses églises, ses tours,
Sa longue rue où va la foule tournoyante
    Se perdre en ses mille détours ;

8

Sa verte allée où l'on ramasse
Des sourires si grâcieux,
Où l'on rencontre à chaque passe
De lents regards sous de beaux yeux ;
Où l'on voit accourir la foule ;
Où le flot qui toujours s'écoule
Sur lui-même revient, et roule
Ses plis et ses replis joyeux !

Cette allée aux belles voitures ,
Aux chevaux parés et fringans ;
Aux femmes aux riches parures ,
Aux jeunes hommes élégans ;
Où l'on vient attendre en silence
Le *Stéphenson*, et où l'on pense,
Le regard fixe., au pas immense
Qu'on fait avec de tels agens !

J'aimais ses boulevards, où le hêtre se mêle
Au souple peuplier, qui balance dans l'air
Son rameau jaune, long et frêle,
Au vent, comme un flot de la mer ;

J'aime son parc désert à l'heure matinale,

Tantôt paré du promeneur;
Son parc au front blessé, qui tout fier les étale
Ses blessures, ainsi que nous nos croix d'honneur!

Du haut de son palais, lorsque le roi regarde
     Et qu'il voit ces arbres meurtris,
Sans doute qu'en songeant au soldat qui le garde,
Il n'a pas pour le peuple un penser de mépris!...
J'aime ses monumens, ses jardins et ses fêtes;
En hiver, ses salons où règne le plaisir;
Ses plaines au printems, où l'on aime à courir;
Ses collines portant de grands bois sur leurs têtes!
Mais ce que j'aime encor bien plus que tout cela,
C'est un nom que je dis bien bas dans mon silence;
Que j'aime sans avoir un penser d'espérance;
Qui me fait tressaillir quand on dit : la voilà!

    Ce que j'aime, c'est sa prunelle,
    C'est sa paupière longue et belle,
    Et c'est son doux regard d'azur;
    C'est son beau front qui nous retrace
    Le penser qui dans l'âme passe,
    Qui rend toujours un rêve pur!

Et c'est sa voix harmonieuse,

Son image noble et pieuse ;
Sa lèvre, qui m'apprit un soir
Qu'il est encore, après la vie,
Un but digne de notre envie ;
Sa lèvre qui m'a dit : Espoir !

Ce que j'aime, c'est une femme
Qui m'a fait rêver dans mon âme
Au bonheur, à l'amour, aux cieux !
Dont la voix est rêveuse et tendre ;
Que tous les soirs je crois entendre,
Quand je prie en baissant les yeux !

Ce que j'aime !... L'heure qui passe
M'entraîne déjà dans l'espace,
Et pour ne revenir jamais !
Oui, cette femme qui m'inspire,
Qui pour moi n'eut pas un sourire,
Cette femme est ce que j'aimais !

Janvier 1836.

J'aimais.

J'aimais ! Oh ! ce n'est pas que mon amour s'efface,
Voyez-vous : dans le ciel quand une étoile passe
Et que nos faibles yeux ont cessé de la voir,
Elle ne s'éteint point pour cela ; c'est qu'au soir

8*

Son mortel a souffert, et qu'elle s'en va prendre,
Au regard de son Dieu, ce qu'elle doit lui rendre,
Contre le mal qu'il a, de force et de pouvoir.

Eh bien ! ce que j'aimais ; oh ! moi je l'aime encore ;
Mon cœur ne change pas ! Le Dieu que l'on adore,
S'il vous jette le mal, peut-on le renier ?
Ne doit-on pas plutôt à genoux le prier ?...
J'aimais !... Je parle ainsi pour cacher ma souffrance !
Pour ne pas m'avouer qu'il n'est plus d'espérance !
Pour empêcher ma voix, qui pleure, de crier !...

J'aimais ! car je disais hier encor dans mon âme :
Si le regard d'azur de cette jeune femme
Venait à s'abaisser sur mon front un seul jour !
Si sa voix me payait d'un seul mot de retour !
Oh ! qui donc ici-bas ne porterait envie
A ce qui m'est donné de bonheur dans ma vie !
De bonheur et d'espoir ! de bonheur et d'amour !...

Hier, je disais cela ; mais aujourd'hui je songe
Que ce riant espoir ne m'apparut qu'en songe !
Que son regard jamais n'est venu jusqu'à moi ;
Qu'elle n'a jamais vu, quand je parlais, pourquoi

Ma voix, qui faiblissait, était prompte et rapide ;
Pourquoi ma main tremblait ; pourquoi mon œil humide
S'abaissait sous le sien ! J'ai caché mon emoi !...

Car elle n'aimait pas ! Elle n'a pu m'entendre,
Car elle n'aimait pas ! Elle n'a pu comprendre
Ce que j'avais au cœur d'amour et d'avenir !
Elle aurait eu pitié, m'aurait dit de venir ;
Elle aurait essayé de lire dans mon âme...
Puis elle aurait trouvé tant d'amour, cette femme,
Qu'elle m'aurait aimé... du moins par souvenir !

Janvier 1836.

Douleur.

Adieu tous mes pensers d'amour et d'espérance ;
Adieu mon ciel d'azur, mon lointain horizon !
Mes lèvres n'auront plus de longs mots de constance
Qui vibrent comme fait un ineffable son

Qui reproduit notre âme; adieu! ma tâche est faite :
J'ai gravi le rocher, j'en ai touché le faîte,
Et je n'ai pas cueilli, sur cet âpre sentier,
Ni la rose en bouton, ni l'heureux chèvrefeuille :
Ma couronne de vie est au doigt qui l'effeuille.
Et je n'ai pu mêler un bourgeon de laurier,
Un pampre, une pensée à cette faible tresse !...
Adieu donc, adieu donc, mon rêve de tendresse,
Que j'avais caressé comme avec son amour
La mère, son enfant, à chaque heure du jour !
Adieu, vous me fuyez, délirante chimère;
Mon bonheur a passé sur une aîle éphémère :
Il ne me reste plus à mon triste réveil,
De mon songe effacé, qu'une longue souffrance.
Ainsi le mal qui vient pendant notre sommeil
S'asseoir à notre lit, nous tient en sa puissance
Quand le soleil déjà plâne sur l'horizon;
Ainsi la mort qui vient à l'appel du poison,
Paraît calme d'abord, et puis nous vient hideuse.
Aussi ma première heure était brillante, heureuse;
Mon regard s'était fait un si beau ciel d'azur !
Mon penser d'avenir était heureux et pur :
J'avais trouvé, mon Dieu, sur cette froide terre,
Un ange au long regard qui me disait : espère!
Et j'espérais, Seigneur! C'est qu'espérer est bon.
Et mon œil se levait vers la sainte lumière,
Et je priais tout bas; et puis, dans ma prière,

Je joignais un nom d'ange aux lettres de mon nom.
Mais ce n'était qu'un rêve ! et ma vie est éteinte !...
Est-ce donc que j'ai fait bien du mal ici-bas ,
Pour qu'ainsi la douleur me suive pas à pas,
Et que mon âme éprouve une si rude étreinte?

1835.

Comme je l'aime.

O toi, dont le regard est si vif et si pur ;
O toi ! dont le front jeune appelle l'espérance ;
    Toi, qui reflètes l'existence
Comme le flot du lac un horizon d'azur ;

9

Séduisante Marie ! à ma vie incertaine,
A mes tristes pensers, à mon rire, à mes pleurs,
Oses-tu bien mêler ton baiser, ton haleine,
Et tes roses, Marie, à d'inodores fleurs ?...
Oui, je t'aime d'amour, comme on aime une mère,
      Comme on aime une tendre sœur ;
Je t'aime comme on aime une épouse bien chère,
      Comme un soldat aime l'honneur ;
Je t'aime comme on aime un penser de souffrance ;
Comme l'enfant issu de son premier amour ;
Comme une vierge pure ; ainsi qu'un dernier jour
     D'exil ; ainsi qu'un rêve d'espérance.
Je t'aime ainsi qu'on aime un premier cri d'enfant,
Ainsi qu'un jeune Arabe aime une belle aurore,
      Ainsi qu'un brillant météore ;
Comme un air embaumé sous un soleil brûlant...
Je t'aime d'un amour qui va jusqu'au délire ;
Comme un vieillard mourant adore un jeune espoir ;
Je t'aime cent fois plus encor que cette lyre
Qui me redit ton nom, si je viens de te voir.
      Non, celui que la gloire entraîne
      Aime bien moins cette branche de chêne
      Dont on va couronner son front ;
      Bien moins heureux est le poète
      Qui, l'auréole sur la tête,
A l'immortalité vient de jeter son nom.

Ce roi qui dictait à l'histoire
Des pages qu'on a peine à croire ;
Ces guerriers parmi les guerriers,
Ces soldats dont le sang achetait tant de gloire,
Aimaient moins leurs jours de victoire
Et leurs couronnes de lauriers.
Mais toi, dont le front jeune appelle l'espérance,
Dont le regard est vif et pur,
Toi qui reflètes l'existence
Comme le flot du lac un horizon d'azur,
Séduisante Marie ! à ma vie incertaine,
A mes tristes pensers, à mon rire, à mes pleurs,
Oses-tu bien mêler ton baiser, ton haleine,
Et les roses, Marie, à d'inodores fleurs !

1832.

Rêve.

gneur, lorsque j'entends sonner l'airain funèbre,
uand sur un jeune front, tout brillant d'avenir,
    Je vois passer un ange de ténèbre
      Et la mort en courant venir,

9

Alors mon front s'incline vers la terre,
Sur ma tête je sens se poser votre main,
Et je demande plus légère
La terre qui sur moi va retomber demain.

Et ce n'est pas pour moi que je demande grâce ;
Qu'il faut que l'avenir me pare un plus beau jour !
Non, ma vie a passé comme le flot qui passe,
Qu'une lame nouvelle incessamment remplace,
Et qui fuit, inutile, inconnue à son tour !

L'avenir n'avait pas de riante chimère,
Mon horizon borné n'avait pas de bonheur;
Mais j'entendais souvent une femme bien chère
Rêver des jours plus beaux, une main sur mon cœur!
Non pour moi; mais, Seigneur, je demande pour elle,
        Car elle attend de mon amour
Des heures de délire ; et Marie est si belle!
Marie aime si bien! Puis, Seigneur, en retour,
Elle vous donnerait un peu de son amour!

Non, ce n'est pas pour moi que ma sainte prière
        S'élève encore vers les cieux.
Que m'importe le ciel, lorsque mes faibles yeux

Ne peuvent supporter l'éclat de la lumière ?
　　Mais son cœur avait tant d'espoir !
Mais elle souriait en mêlant à sa vie
　　Par l'amour ma vie embellie ;
Heureuse le matin, elle rêvait au soir.
Mais hélas ! le passé ne fut pour nous qu'un songe,
　　Un bonheur prompt comme un éclair,
　　Et l'avenir un doux mensonge,
　　Comme un mirage du désert.

　　Car sur mon front l'ange qui passe
　　Vient de marquer le dernier jour ;
Car le flot qui me suit me pousse et me remplace,
Pour être remplacé lorsque viendra son tour.

Amitié.

Quand tout le bruit qui vient du monde
A cessé de nous étourdir ;
Quand le chant de valse et de ronde
A notre oreille vient mourir ;

(118)

Quand nos yeux, fatigués de l'éclat des lumières,
Cherchent la solitude; où nos faibles paupières
    Se lèvent vers un ciel plus doux,
C'est bonheur de trouver, à cette heure de vie,
Un cœur qui vous comprend, une pensée amie
    Qui vienne sourire avec nous.

Quand le pied fatigué s'attarde sur la rive;
Qu'on voit avec plaisir quelqu'un qui nous arrive
    Et qui nous soutient de son pas;
Qui nous guide au milieu des sables de la route,
Et qui nous montre enfin, dans la céleste voûte,
    L'étoile qu'on n'y voyait pas;

    Voilà, dans mes rêves d'enfance,
    Le jeune espoir qui me venait;
    Voilà, pour mes jours de souffrance,
    Ce que ma voix redemandait.
    Le ciel écouta ma prière,
    Car j'ai trouvé dans mon chemin,
    Pour me faire éviter l'ornière,
    Pour me guider, sa forte main.

Son regard est pour moi comme un regard de mère;

Comme une mère aussi je l'aime. Elle m'est chère,
 Cette femme qui pense à moi.
Quand mon front est pesant sous de longues tristesses,
Il se relève heureux aux mots pleins de tendresses
 Qui tombent de sa voix.

Et je n'ai point de pleurs à verser sur ma vie,
Car les douleurs s'en vont dans le cœur d'une amie
 Quand on peut lui presser la main.
Sous le pied on n'a plus de pierre ni d'épine
Alors qu'un pied ami près du vôtre chemine
 Et nous abrège le chemin.

 Et toi, mon bon ange qui prie
 Ton Seigneur pour moi chaque jour,
 Dis-lui de confier Marie
 Longtems encore à mon amour.

   1835.

Erreur.

Autrefois, je croyais que c'était chose grande
D'avoir pour la patrie une sublime offrande !
Poète, je croyais qu'il me fallait veiller
Sans jamais reposer mon front sur l'oreiller ;

10

Que je devais sans cesse, ainsi qu'un servant d'armes,
Etre prêt à jeter au loin le cri d'alarmes;
Je croyais, quand le peuple était las de souffrir,
Et lorsqu'on l'envoyait dans les cachots pourrir;
Quand l'arsenal des grands forgeait, forgeait sans cesse
Les fers pour les donner, ô peuple! à ta maîtresse,
Que le poète avait sa sainte mission,
Et qu'il devait jeter à toute oppression
L'anathême, et parler au peuple de vengeance;
Qu'il devait, dans ses vers, lui montrer l'espérance;
Etre le haut clairon qui chante aux combattans
Et la gloire et la force en des sons palpitans.
Mais la voix du poète et le chant de sa veille,
Peuple, n'arrive plus jusqu'à ta faible oreille;
Mais le tambour des rois couvre sa voix, ou l'or
Le fait faiblir soudain dans son sublime essor.
Oh! quel siècle est le nôtre! En vain le peuple écoute,
Le poète a laissé ses beaux vers sur la route,
Car les rois sont venus lui barrer le chemin
Et lui tendre les bras ou lui remplir la main.
O malheur! un poète, un enfant du génie,
Pour quelques rouleaux d'or vendre son harmonie!
Je le sais, je le sais, c'est le mal de la faim;
Que le peuple aujourd'hui nous refuse le pain;
Mais mieux vaut la misère aux rudes agonies,
Mieux valent les cachots et mieux les gémonies,
Que vendre sa pensée et se vautrer dans l'or.

La liberté du front, n'est-ce pas un trésor !...

Quand j'ai vu tout cela ; que le peuple en silence
N'écoutait plus nos chants ; oh ! quand j'ai vu la France
Baillonnée, et livrant aux rois son large flanc ;
Quand j'ai vu qu'on était prodigue de son sang ;
Que les bourreaux fesaient tous les frais de nos fêtes,
Et qu'on allait du tronc séparer quelques têtes
Pour en masquer nos grands à leurs bals des jours gras ;
Que tout cela s'est fait sans que de ses deux bras
Cette France, autrefois si forte , si hautaine ,
Ne secouât soudain et ne brisât sa chaîne ;
Quand j'ai vu tout cela , soudain je me suis dit :
Oui, par la liberté c'est un peuple maudi ;
Laissons tous ces feseurs brouiller la politique ,
Et revenons m'asseoir au foyer domestique :
Laissons les chars dorés passer et revenir ;
Portons sur d'autres temps nos rêves d'avenir,
Et ployons sous le joug, puisque rien ne résiste :
Reste la France en proie aux griffes du légiste ;
Portons en notre sein nos muses et nos dieux ;
Cachons-les saintement au regard des curieux,
Jusqu'à l'heure inconnue où la forte parole
Pourra jeter au loin la haute parabole.

Février 1836.

Maudi.

Oh ! viennent les démons et leurs puissantes rages !
Vienne satan sourire à mes vives douleurs !
Oh ! sur mon front brûlant et maudi ,pour les âges ,
Vienne sa main de fer poser ses pâles fleurs !

Je le veux, je le veux, je lui vendrai mon âme !
Non, les torrens de feu qui bondissent toujours.
Ne brûlent point ainsi que la lave de flamme
    Qui me consume tous les jours !

Vienne à moi son enfer pour un seul jour d'ivresse ;
Vienne sa lèvre impure, apposée à mon front,
Me saisir tout le sang en un baiser d'affront !
Me vienne dévorer sa rapide caresse !...
Oh ! je le veux encor, car mon front est maudi ;
Car Dieu m'abandonna dans sa sainte colère ;
Car je n'ai pu trouver, hélas ! sur cette terre,
D'amour pour me sauver ! Car mon oracle a dit :

    De par le monde va l'infâme
    Qui n'a pu trouver une femme
    Qui le couve de son amour !
    Qu'il se traîne de ville en ville,
    Ainsi qu'un voyageur débile
    Qui va se vautrant tout le jour !

    Que, le front posé sur la pierre,
    Ainsi que la branche de lierre,
    Il rampe comme un mendiant ;

Que tout homme qui vient et passe
L'évite et détourne la face,
De crainte d'un mot suppliant ;.

Qu'il essaie en vain de sourire ,.
Et que son cœur rêve au délire
Ainsi qu'un poète à ses chants ;
Qu'à son âme vienne sans cesse
Des hymnes de joie et d'ivresse ,
Des accords divins et touchans ;

Qu'il sente tomber sur sa joue
Cette sale et puante boue
Que l'on appelle la pitié ;
Qu'il ait l'âme grande et ravie
A ce seul penser d'une vie
Toute pleine par l'amitié !

Dieu repoussera sa prière ,
Et lui jettera sur sa pierre
L'effroi qu'inspirent les lépreux ;
Son front sera chauve et livide ,
Sa marche égarée et rapide ,
Et son œil sec , cave et vitreux !...

Oui , le Seigneur m'avait maudi dès ma naissance !
Il m'avait repoussé du pied en me livrant
Au mal qui s'est assis , riant de sa puissance ,
    Sur mon chef éteint et souffrant.
Mais il m'a laissé voir , dans un jour de colère ,
Vers mon sombre horizon , un reflet vif et pur ;
Mais un jour est venu , sur mes six pieds de terre ,
    Me visiter un ciel d'azur.
Mais il avait choisi , dans la sainte phalange
Des chérubins ailés qui ne vivent qu'en lui ,
Un des plus beaux ! Un jour il me montra cet ange ,
    Le désignant pour mon appui !

Et ce fut un penser rapide
Aussi vîte que les éclairs ;
Ce songe , dont je suis avide ,
S'en fut aussitôt par les airs.

En vain de ma voix faible et tendre
Je priais le Dieu de me rendre
Ce bonheur qu'il m'avait offert !
Il me repoussa dans sa haine ,
Et me jeta la lourde chaine

Sous laquelle j'ai tant souffert !

A nous deux, maintenant, Dieu du mal ; je t'implore !
Viens me baiser au front, viens me baiser au cœur !
Je te confesse Dieu, je te prie et t'adore :
Ravis-moi dans tes bras ; serres, serres encore !
Je puis être maudi pour un jour de bonheur !!!

1856.

Sur la Mort.

Homme, découvre-toi; cette cloche qui sonne,
    Tu ne l'entends donc pas?
Homme, découvre-toi; cet airain qui résonne,
    Ecoutes, c'est le glas!

J'ai bien longtems aussi passé dans toute rue
    Sans découvrir mon front.
Je me disais : Cette âme, elle était inconnue !
    Ce n'est pas un affront,
Mais c'était un penser d'orgueil et d'insolence.
    Oh ! c'était mal à moi,
Que de vouloir braver, dans ma folle impuissance,
    Ce qui nous vient d'émoi,
Lorsque nous rencontrons au milieu de la vie,
    Aux sources des plaisirs,
Ce qui fut l'homme ; et puis, que la bière est suivie
    De pleurs et de soupirs !
Nous devons le salut à tout homme qui passe
    De la vie à trépas ;
Soit qu'il nous laisse ou non, faible ou forte, une trace,
    Sur terre, de son pas !
Nous devons le salut, homme, à toute souffrance,
    Lorsque, les yeux en pleurs,
Elle n'a plus ici un rêve d'espérance
    Pour voiler ses douleurs.

Homme, découvre-toi ; cette cloche qui sonne,
    Tu ne l'entends donc pas ?
Homme, découvre-toi ; cet airain qui résonne,
    Ecoutes, c'est le glas !

                   . Mars 1836.

Amertume.

Oui, l'homme porte en soi la source de sa peine,
Sous son front le plaisir ou la douleur grandit;
Que lui font les méchans quand il a forte haleine,
Comme une flèche au but quand l'arc fort le brandit?

11

Il va sans rechercher un appui pour sa route,
Discutant à lui seul sa croyance et son doute,
Et ne demandant pas d'où naissent les clameurs
Qui montent à ses pieds, sifflent à ses oreilles;
Car c'est pour l'avenir qu'est le fruit de ses veilles :
Il ne doit pas faiblir à de simples rumeurs !

Oh ! moi je le sais bien, quand se lève l'envie!
Quand ceux-là qui devaient nous soutenir le pas,
Pour nous faire glisser répandent de la lie ;
Qu'ils s'efforcent entr'eux à nous tirer en bas
Du char qui nous portait à quelque haute gloire,
Et qu'ils mêlent le fiel à l'encens de l'histoire !
Oh ! moi je le sais bien; on blasphème, l'on croit
Que tout le genre humain de ce mal est complice,
Qu'il nous jette l'entrave ! On lui jette le vice
En lui clouant la face au gibet de la croix.

Je le dis aujourd'hui dans ma haute parole :
Quand j'agissais ainsi, j'avais tort; car il faut
Que chacun ici-bas accomplisse son rôle !
Les épis de nos champs, sous une même faux,
Sous une même main tombent et disparaissent;
Mais les arbres altiers que les autans caressent
Emoussent le courbet, lassent le bûcheron :

Le bœuf, dans nos sillons, marche, marche sans cesse,
Jusque sa tâche faite ; il va toujours, ne presse
Ou ne tarde le pas au dard du moucheron.

Février 1836.

Départ.

Adieu mon rêve jeune et mes folles ivresses,
Et mes joyeux pensers et mon parler d'amour !
Cette heure de ma vie est la fin d'un beau jour
Quand le soleil s'éteint sans riantes promesses.

11*

Adieu : je n'aurai plus qu'un tendre souvenir,
Que des mots dont moi seul ai gardé la mémoire;
Car l'horizon me manque, et j'ai cessé de croire
Aux choses qui fesaient mes beaux jours à venir.
Ainsi quand le vieillard vers la terre s'incline,
Quand chaque pas qu'il fait l'approche des tombeaux,
S'il regarde son fils que la gloire domine,
Il rêve l'avenir, il voit des jours nouveaux;
Mais si la mort qui vient, sans voix et sans prunelle,
Frappe, en passant, le fils, et laisse le vieillard,
Ce prisme si brillant, cette auréole belle,
S'éteint. Ainsi l'on voit, dans un épais brouillard,
Le disque étincelant du soleil apparaître,
Puis s'éteindre aussitôt, météore brûlant.
Fol espoir, que l'on prend pour le bonheur peut-être,
Ainsi tu disparais! beau rêve, éclair brillant!
Et moi, j'avais aussi de ces douces pensées,
De ces espoirs brûlans qui naissent dans le cœur;
J'avais déjà des mots pour parler de bonheur,
Et ces heures, mon Dieu, déjà, déjà passées !
A peine j'ai rêvé ces choses tout un jour :
J'ai rêvé, car c'était le rêve de ma vie,
Car je croyais amour la pitié de Marie,
Et je brûlais mon sang à payer son amour.
Et quand le rêve a fui, quand ma lente paupière,
Souffrante, s'est levée à la vive lumière,
Oh! comme j'ai souffert ! elle avait en pitié,

Cette femme si bonne , une longue souffrance ;
J'avais pris de vains mots pour des mots d'espérance ,
Et j'avais bu l'amour à sa douce amitié.
Non , ce que j'ai souffert, je ne le saurais dire.
Maintenant je la fuis. Pourquoi ? Mon Dieu, pourquoi ?
Lorsque son doux regard et m'exalte et m'inspire ,
Et que mon luth répond lorsque j'entends sa voix.
Périsse maintenant la verve du poète ,
Ce nom que je fesais à moi pour l'avenir ;
Périsse ce laurier que je voyais venir ,
Et que je travaillais à poser sur ma tête.
Oh! non , je n'en veux plus pour moi seul ; et pour moi ,
Que me font ce beau nom , cette belle couronne !
Vois-tu, je ne saurais les supporter sans toi !
La force qu'il me faut, car c'est toi qui la donne
Marie, et ton regard est froid comme ton cœur ;
Voilà pourquoi je pars, voilà pourquoi ma vie
Va lentement s'éteindre , incessante agonie ;
Mais je ne me plains pas , j'ai rêvé le bonheur !

27 Juillet 1835.

Ambition.

De la gloire, oh! j'en veux; non pour moi; que m'importe,
Pour moi seul, le reflet que toute gloire apporte!
Moi qui me suis courbé sous le poids des douleurs,
Dont l'œil tari ne peut plus répandre de pleurs;

Que me ferait , à moi , la gloire du poète !
Comment un vert laurier irait-il à ma tête ,
A ma tête qui ploie et qui ne peut , hélas !
Distinguer l'Angélus du tintement du glas !...

Pour moi la gloire , oh, non ! Mais il est une femme
Qui vient puiser sa vie à mon regard de flamme ;
Qui sourit à mes vers , qui se confie à moi ;
Qui respire mon âme et tremble mon émoi !
Qui mêle à mes accens sa suave harmonie ;
Qui me vient demander sa part de mon génie !
Une femme poète , et qui parle d'amour !...
Pour lui cacher mes maux , je lui dois en retour
De la gloire , et j'en veux ! Mon regard brille encore,
Ma voix reprend sa force et redevient sonore ;
Car je veux déposer un nom à ses genoux !
De lauriers je ferai ma couronne d'époux ,
Car nous serons unis comme le sont nos âmes ,
Car nous avons brûlé nos fronts aux mêmes flammes ,
Car nous avons tous deux des pleurs pour souvenir ,
Et nous devons nous joindre en un même avenir !
Oh ! quand sur ses genoux je poserai ma tête ;
Quand chaque jour sera pour nous un jour de fête ;
Lorsque j'irai chercher mon rayon dans ses yeux
Et que son horizon se perdra dans mes cieux !
Oui , je veux que ses doigts en jouant sur ma tête.

Frôlent dans mes cheveux le laurier du poète !
Je veux qu'elle s'enivre et le front et le cœur
Aux parfums que répand la poétique fleur !...
Quand penché sur sa lèvre, écoutant sa parole,
Mon regard fixera sa brillante auréole,
Oh ! je veux que sa main essaie sur nous deux
Une même couronne ! Oh ! mon Dieu, je le veux !
Je le veux, je le puis. A moi donc la pensée
Et la vive parole avec force élancée !
A moi les hauts discours et les mâles efforts !
J'irai graver mon nom à la page des forts.

Allons ! l'heure a sonné d'abandonner la plage
Et d'affronter les flots soulevés par l'orage !
En vain les mille voix qui s'élèvent d'en bas
Espèrent m'arrêter. Non pas, Messieurs, non pas !
Eh ! que me font à moi votre haine et l'envie !
Sifflez, sifflez toujours, je n'ai pas votre vie,
Et ce n'est point par vous que mon nom doit grandir !
Mais sur vos fronts un jour il pourra resplendir,
Et toute la poussière à vos voix élevée
Retombera sur vous, qui l'aurez soulevée !
Déjà je ne vais plus ainsi qu'au premier soir,
Incertain de ma route et doutant de l'espoir.
En vain vous avez fait floconner la poussière
Et vous m'avez caché le phare et la lumière ;

En vain vous avez ri de mes nombreux efforts ,
D'autres m'ont répété que mes bras sont très-forts,
Que j'avance en ramant ; qu'on voit ma banderolle,
Qu'elle flotte à bon vent ; que ma nacelle vole ;
Avec mes avirons que je puis aller loin ;
Qu'ils sont en bonne main : vous en serez témoin !
Vous verrez aborder ma nacelle rapide.
Vous avez refusé de me servir de guide,
Mais j'avais force en moi. Malgré tout votre effort ,
Ma nacelle entrera victorieuse au port !...

Et ce n'est pas pour moi , que j'ai bravé l'envie :
J'avais déjà souffert vos ongles sur ma vie ;
Et sans me plaindre , moi , consentant à souffrir ,
J'attendais loin du monde une heure pour mourir.
Je n'aurais jamais eu de nom sur une pierre ;
Ma mère seule aurait répété la prière !
Que m'importait , alors ! ma mère était mes cieux,
Et ma mère craignait les veilles pour mes yeux...

Un seul jour, je le sais, j'ai compris mon génie !
Je suis allé l'offrir aux pieds de Léonie :
Elle n'a pas voulu lui sourire , et mon front
S'est caché de ma main comme sous un affront !
Car ces dédains nous font une douleur poignante,

'Cette blessure là reste longtems saignante.
Maintenant un poète, une femme, un bon cœur,
Voyant mon front pâli sous la vive douleur,
M'a crié : « Viens à moi, j'ai pour t'aimer une âme,
« J'ai pour te réchauffer une brûlante flamme;
« Viens à moi, viens à moi; vois-tu, mon œil est pur;
« Mon brillant horizon borne un beau ciel d'azur;
« Viens à moi, mon baiser consolera ta peine,
« Mon sang circulera dès demain dans ta veine :
« D'un amour de poète, oh! je m'en vais t'aimer,
« Et cet amour, tu sais, ne se peut exprimer! »

Eh bien ! à son amour je suis heureux de croire,
Et voilà bien pourquoi, moi, je veux de la gloire!
Car ce n'est point assez, pour payer tant d'amour,
Qu'un cœur brisé, souffrant, à donner en retour!
Non, ce n'est point assez pour moi, qui voudrais rendre
Tout un premier amour... Que n'ai-je pu l'attendre !...?

26 février 1856.

12

Retour.

Loin des lieux par elle habités,
Hélas! je me croyais à plaindre,
Et je pensais bien moins à craindre
Ce toit où mes sens agités.

Près d'elle chaque jour doublaient mon existence :
Chaque jour maintenant revit tout le passé ;
Chaque instant, chaque lieu, réveille ma souffrance ;
 Sur l'écorce chiffre effacé,
 De sa rose feuille flétrie,
 Grotte par elle tant chérie,
 Mon chien qu'elle avait caressé,
Le tems a tout frappé ; des débris, une pierre,
Voilà tout ce qui reste ; elle n'est plus ici.
Le rideau qu'elle ouvrait, la porte hospitalière...
Les verroux sont rouillés, et le rideau flétri.
Ainsi tout a passé, tout, excepté son âme,
 Qui seule encor près de moi me sourit.
Son âme auprès de moi ! puis sa voix qui réclame
Le serment de l'amour qui seul au tems survit.
Ah ! fuyons donc ces lieux ; ici je ne puis vivre ;
Ici vers le passé le tems ne revient pas,
Ici vers l'avenir moi je ne puis le suivre,
Ici tout est amour, tout retiendrait mes pas.
Ici tout est amour, tout rappelle à ma vue
La place où je la vis pour la première fois ;
Tous ces lambris encor rendent sa douce voix,
Sur le parquet mon œil voit sa trace connue ;
C'est là qu'elle pensait, qu'elle écrivait à moi ;
Là, sa table occupait la place de la mienne ;
Où je mets ma bougie, hélas ! j'ai vu la sienne ;
Mon encrier chéri, Pauline, il fut à toi.

Non , non , je ne puis plus supporter ce délire :
Ou la revoir pour vivre , ou mourir sans la voir !
Prenez toute ma vie et me rendez un soir,
Un seul , et que je meure en la voyant sourire !...

1829.

La Coquette.

Si j'avais été un Dieu puissant, j'aurais
fait rentrer la mer dans les abîmes de la
terre, avant de lui laisser engloutir ce bon
et beau navire.

SHAKSPEARE. *(La Tempête.)*

O navis!........
HORACE.

Que c'est beau, l'Océan, et que la vague est belle !
Que c'est beau de la voir incessante, éternelle,
Se roulant sur le sable et menaçant toujours ,
Deux fois se retirant, revenant tous les jours !

Quand le vent prend les flots dans sa rage profonde,,
On dirait, à les voir, un ennemi du monde,
Un maudi que le ciel a lancé contre nous !

Quand, au pied de la croix, une fille à genoux,.
Au ciel, pour le marin, adiesse la prière ;
Qu'elle pose son vœu sur cette croix de pierre
Qu'elle entoure d'un bras, et que dans ses cheveux
Le vent se joue, ainsi que le destin des vœux ;
Que la blanche frégate approche de sa tête
En jetant un long cri, semblable aux cris de fête
Que doivent prolonger dans leur affreux séjour
Les anges des enfers, quand ils parlent d'amour ;

Que c'est beau ! que c'est beau ! que cela grandit l'âme,
De voir la mer luttant et cette pauvre femme !

Cette vague écumeuse et folle, et qui s'en vient
Levant une autre vague, et qu'une autre soutient ;
Cette vague qui tombe et tout-à-coup s'arrête ;
Qui venait menaçant la dune de sa crête,
Et qui tombe soudain et qui s'arrête là,
Sans qu'on puisse jamais savoir pourquoi cela !

Puis, cette blonde femme à l'aube de sa vie,
Qui prie avec ferveur, et dont l'âme est ravie
Jusqu'à ne pas entendre et les vents et les flots ;
Qui s'adresse à la vierge espoir des matelots ;
Doux rayon du soleil au milieu d'un nuage,
Si blanche, et qui n'avait que la crainte en partage ;
Qui se relève calme et ne s'aperçoit pas
Que la grève s'émeut et tremble sous ses pas ;
Quand tout sacre et maudit, qui parle d'espérance,
Dit : « Maria Stella, vierge de délivrance,
« Ayez pitié de moi, seul espoir du marin ! »
Et qui porte à sa mère un front pur et serein.

Comme c'est grand, cela ! La gloire est au poète
Au bord de l'Océan qui peut lever la tête ;
Au poète qui peut saisir de tels tableaux,
Qui sait la haute mer et les hardis vaisseaux :
C'est là, c'est là vraiment qu'on puise le génie,
Car l'Océan est plein de divine harmonie ;
Là, tout est grand et beau, tout est fort et puissant.
Arrière l'homme faible et le front impuissant !
Quand l'homme doit lutter seul avec la tempête ;
Quand le salut de tous est dans sa seule tête ;

Quand d'un mot il commande au sort de son vaisseau,
Ah ! cet homme est vraiment fort, imposant et beau !

✳

C'était une joyeuse et brillante corvette !
Oh ! que j'aimais la voir se jouer, *la Coquette*,
Quand la vague venait clapoter à ses bords ,
Et qu'elle nous montrait ou cachait ses sabords !
Elle penchait si bien sa légère mâture !
Elle portait, ma foi, du bronze à sa ceinture !
Elle livrait sa flamme au caprice du vent,
Comme une femme fait de son voile en rêvant.
Qu'elle était belle à voir quand elle était parée,
Quand elle déployait sa voilure carrée;
Quand, bordant ses huniers avant de les hisser,
S'inclinant à babord, on la voyait glisser,
Puis, s'élancer soudain comme une jeune fille
Qui balance son corps et qui se fait gentille ;
Et puis qui prend sa course en foulant le gazon :
Ainsi fuit *la Coquette* au lointain horizon.

Et je la vis partir, la folâtre, et ma vue
La poursuivit longtems ; et ce fut l'âme émue

Que je quittai les bords de la mer. Je ne sais
Par quel pressentiment qu'en vain je repoussais,
Vers ce départ toujours revenait ma pensée,
Et pourquoi j'y rêvais la poitrine oppressée.

Elle était si légère et si belle en fuyant !
Elle nous fesait voir son corps souple et ployant !...
Oh ! si j'étais marin à son bord, par mon âme,
Ah ! oui , je l'aimerais comme on aime une femme !

Mais tu pars , adieu la belle ;
Que la fortune fidelle
Dans tes eaux nage toujours ;
Adieu donc , mon beau navire ;
Vers ce port où l'on t'admire,
Reviens pendant les beaux jours.

Si la tempête,
O ma goelette !
Vient assaillir tes passavents,
Vas , ma coquette ,

Lèves la tête,
Cargues la voile et ne crains rien des vents.

Sur cette rive,
Vois-tu, ma vive,
Tu dois encore revenir.
En vain tu passe,
Le tems n'efface
Ni mon espoir ni mon doux souvenir.

✱

Comme elle est belle ainsi, cette noble goëlette,
Au milieu des brouillards, de l'écume et du vent !
J'aimerais être alors sur son fier passavent,
Pour y livrer mon front aux songes du poète :
Quand le flot irrité jaillit dans son sabord,
Le timonier met la câpe sur la vague ;
Comme un penser d'amour balancé dans le vague,
Elle balance aussi. Que ne suis-je à son bord !
Oh ! combien je voudrais t'accompagner, ma belle,
Et rêver, emporté sur cette mer par toi !
Oui, je te donnerais mon amour et ma foi
Pour regarder des eaux la brillante étincelle,

Lorsque ton prompt sillage, au milieu de la nuit,
Fait bouillonner l'écume, et que le flot qui fuit,
Courbant sous l'éperon, te salue et te porte
Pour te remettre au flot qui vivement t'emporte
    Et te livre au flot qui le suit.

        ✳

    Poursuis ta course, ma goelette;
    Vogue au plus près, serres le vent;
    Cargues les voiles de ta tête,
    Et coupes le flot de l'avant.
    Poursuis, ma goelette légère,
    Ta membrure est forte, et le flot
    Te couvre en vain dans sa colère
    D'écume blanche... Matelot,

    Matelot, sur la mer profonde,
    Quand l'écume blanche t'inonde,
    Jaillissant par les écubiers,
    Voyant comme elle se comporte,
    Tu souris au flot qui la porte,
    Ta goelette, car ses huniers,

Ses huniers, gonflés et rapides,
Fendent les montagnes liquides ;
Car ce sont des hommes puissans
Qui te dirigent, ô ma belle !
Sur la mer houleuse et rebelle ,
A travers ses flots impuissans !

✱

Une nuit, le sommeil avait fui ma paupière ;
Mon front était brûlant ; je quittai ma lumière
Et mon foyer d'automne , et j'allai vers la mer
Pour chercher le vent froid qui devance l'hiver :
La vague, lentement, s'étendait sur la plage,
Et le seul bruit du flot roulant le coquillage
Se mêlait au bruit sourd , bourdonnement hautain,
Qui de la vaste mer, incessant, incertain,
Toujours, toujours arrive ;... au ciel, pas une étoile :
L'œil le plus exercé n'eût pu voir une voile,
Eût-elle été tout près... la voile du pêcheur,
Toute blanche , et qui suit la côte. Moi, rêveur,
J'allais en me disant un nom cher à mon âme,

Quand soudain un éclair, un jet brillant de flamme,
Illumina la mer, le rivage et les cieux.

Je crus que la tempête allait soulever l'onde ,
Et que les feux du ciel , dans cette nuit profonde ,
Allaient me faire voir un sublime Océan
Avec s. blanche écume, avec son flot géant !

Hélas ! ce n'était point l'éclair de la tempête :
Les vents n'arrivaient point déchaînés sur ma tête,
Mais l'écho retentit du signal d'un canon ,
Et je vis sur les flots ce même éclat sans nom ,
Mais cette fois moins fort et plus constant. Ma vue
Se reporta soudain sur la mer toute nue
Et calme comme un lac : une faible lueur,
Comme un fanal de nuit sur un bateau pêcheur,
Eclairait l'horizon ; le signal de détresse,
Ce long cri du canon, se répétait sans cesse.
Et moi , je m'avançais en courant sur le port,
Pour saisir une barque et m'éloigner du bord.

Pendant que je courais, une brillante flamme
S'élançait vers les cieux si rapide, que l'âme
Faillit à me manquer lorsque je vis cela.

Sur la mer aussitôt une barque vola.
J'entendis les rameurs , je les vis à la nage ,
Et je repris alors ma force et mon courage.
Je trouvai près du port un hardi matelot ,
Et dans sa barque aussi nous fendîmes le flot.

Mais je n'ai pas de voix , mon Dieu , pour le redire ,
Un incendie en mer ! C'est beau comme un délire !
C'est sublime , c'est grand ! mais c'est atroce , aussi...
Tout le long des agrès le feu montait. Ainsi
S'élève dans les cieux une prompte fusée.
Et cet éclat , trompant ma paupière abusée ,
Quand le canot à peine avait quitté le port ,
« Camarade , disais-je , encore un seul effort ,
« Et nous aborderons le malheureux navire.
« — Ah ! vous croyez déjà toucher la tournevire ,
« Mon cher Monsieur ! Allons, rame , rame toujours ;
« Donnez à l'aviron vos bras et vos discours. »
Et puis il se courbait plus puissant sur la rame ,
En me disant : « Courage ! Allons donc, ferme, rame ! »

On voyait , à l'éclat du vaisseau qui brûlait ,
Les voilures au vent que le feu déferlait ,

Et des groupes nombreux couvraient toute la poupe;
Mais nous vimes bientôt descendre la chaloupe
Et le canot léger et le porte-manteau :
Les hommes s'affalaient délaissant le vaisseau,
Et l'incendie allait, marchant, marchant sans cesse.
Voyez comme la flamme et les suit et les presse!
Ils ont fui le vaisseau. — Mon Dieu! l'on voit encor
Des hommes qu'on n'a pas emmenés de ce bord!...

Mais, soudain un bruit sourd arrive à notre oreille,
Puis un penser d'horreur en notre cœur s'éveille :
Les poudres!!! O mon Dieu! ce bruit, ce craquement,
Cette immense clarté dans un même moment;
Les espars, les débris que cette flamme enlève,
Et le flot bouillonnant que la coque soulève;
Puis tout-à-coup la nuit, sombre, sombre; et puis rien...
Oh! je frémis encor lorsque je me souviens.

Sur la vague pourtant notre canot s'efforce;
Nous prolongeons des cris, les jetant avec force,
Car, malgré ce ciel lourd, si étroit et si noir,
Nous concevons encor quelque léger espoir.

Mais les seuls canotiers, dont nous suivons la trace,

Nous répondent au loin sur l'immense surface.

Nous n'aurons point tenté d'inutiles efforts ,
Car j'entends d'autres cris plus rapprochés, moins forts :
« Oh ! du canot ! ohé ! — Ferme, garçon, courage !
« Encore un coup, allons ! nous voici : nage ! nage ! »

Merci, merci, mon Dieu !... Deux hommes sont à bord,
Et nous les ramenons avec bonheur au port.

Et la chaloupe aussi nous suivait et nous hèle.
Quand vint l'aube, le jour nous trouva pêle-mêle
Sur le bord du rivage, et le brave marin ,
Le hardi lamaneur, homme aux deux bras d'airain,
Et puis les naufragés qui, regardant la grève,
N'osaient pas se compter. Que le jour qui se lève
Sur un pareil tableau se lève lentement !
La vague nous jetait, de moment en moment,
Des vergues, des débris ; enfin, parmi ces hommes,
Un osa se lever, puis leur cria : « Nous sommes,
« Oui, presque tous ici. » Chaloupes et canots,
Échoués sur le sable , étaient là ; car les flots
Les avaient dirigés. Et lorsque le navire
Avait sauté, sur eux conservant leur empire,

Le hardi commandant et son digne second,
S'emparant des espars retombés sur le pont,
Avaient été jetés près de nous sur la lame.
Trois hommes étaient morts... Alors qu'à Notre-Dame,
Seul espoir du marin, ces hommes à genoux
Rendent grâces, priant à haute voix, et tous,
Que la vague à leurs pieds jette sur le rivage
Du vaisseau leur amour des agrès, un bordage,
Qu'ils se serrent la main, ô mon Dieu ! que c'est beau !

Et quand je demandai le nom de leur vaisseau,
L'un d'eux me répondit se découvrant la tête,
Un long pleur sous les cils : « Notre belle goelette
« Et gracieuse et vive, elle avait un beau nom ;
« Elle le portait bien ! Si je pleure, pardon ;
« Je ne dois plus la voir, voyez-vous, *la Coquette !* »

30 Mars 1836.

Trahison.

2. Vivit Deus, qui abstulit judicium meum
et omnipotens qui ad amaritudinem adduxit a-
nimam meam.

7. Sit ut impius, inimicus meus; et adver-
sarius meus quasi iniauus.

JOB. *Chap.* XXVII.

Eraste, cet ami que j'avais dès l'enfance,
Cet homme en qui j'avais ma joie et ma souffrance;
Dont le cœur m'avait fait un heureux souvenir,
Et sur qui je comptais pour mes jours à venir;

Ce frère de mon choix, que j'aimais plus qu'un frère ;
Qui partageait l'amour que me donnait mon père ;
Car le monde m'avait repoussé de son sein,
Car les douleurs venaient, comme un rapide essaim,
S'abattre sur mon front et me ployer la tête ;
Car moi je n'avais plus de place dans la fête ;
Que les hommes parlant de moi, disaient : *Le fou !*
Car ils ne savaient pas ni comment, ni par où,
Moi qui ne suivais pas leurs jeux et leur orgie,
Je pouvais employer les heures de ma vie ;
Eraste, cet ami, m'a retiré sa main,
Bien qu'il sût que, sans lui, dans le rude chemin,
Mon pas serait glissant et ma marche pénible,
Me disant : « C'est de Dieu le vouloir inflexible. »

Oh ! je ne suis pas fou, lorsque j'écris cela ;
Et les mots qu'il disait, oui, ce sont bien ceux-là ;
Il m'a dit : « Oui, c'est Dieu qui veut que j'abandonne
« Celui qui me donnait les fleurs de sa couronne ;
« Qui me donnait sa joie et prenait mes douleurs,
« Et qui comptait sur moi pour partager ses pleurs. »

Non, non, ce n'est pas Dieu ; c'est la crainte du monde,
C'est la faiblesse au cœur ou la pensée immonde
De perdre ses cliens ; car Dieu n'ordonne pas

D'abandonner celui dont on guide les pas,
Et de le laisser seul dans sa douleur amère;
Mais de le soutenir, comme fait une mère :
Pour l'appeler à lui, Dieu sourit au pécheur,
Et la Samaritaine eut grâce dans son cœur !...

Mars 1836.

Souvenir.

A toi, dont l'amitié fait l'âme de ma vie !
Qui reçus dans ton sein l'aveu de mes douleurs ;
Qui d'une main de femme essuyais tous mes pleurs ;
A toi ce souvenir, à toi, ma seule amie !,

14

A toi qui déposais ton baiser sur mon front ;
Dont la lèvre jamais n'approcha de ma lèvre.
Quand l'absence au cœur froid de tes conseils me sèvre,
A toi ce souvenir que nul bruit n'interrompt !
Quel que soit mon destin, plaisir, bonheur, ivresse,
Rêve d'un jour, espoir, ou profonde tristesse,
Tu dois y prendre part, je le sais, et mon cœur
Conserve saintement, comme un doux nom de sœur,
Près du seul nom ami qui partage mon âme,
Ton nom, ô Coraly ! comme une douce flamme
Qui m'éprouve. O vois-tu, de mon jour à venir
Quel que soit le destin, à toi ce souvenir !

Mars 1836.

Mes jours perdus.

Qne je voudrais encor revenir à cet âge
Où l'horizon s'étend devant nous plein d'espoir ;
Où nous apercevons, comme on voit un mirage,
Un doux soleil d'azur inonder notre soir ;

A cet âge où l'on va rêvant ce qu'on désire ;
Où l'on tresse des fleurs pour couronne ; où le cœur
Aux accens du plaisir s'enivre de bonheur ;
Où l'on croit saintement aux choses qu'on va dire ;
Oui, j'y voudrais encor revenir, ô mon Dieu !
Non point pour en jouir comme en ma belle enfance,
Non point pour retrouver ma riante espérance
Et pour dire à mes pleurs un passager adieu ;
Mais bien pour me former une nouvelle vie,
Pour travailler sans cesse aux choses à venir ;
Pour me forger un front digne de l'avenir ,
Et n'avoir plus à moi ce long regard d'envie
Que je laisse tomber sur le monde en passant ;
Car j'ai perdu les jours de ma longue jeunesse
A chercher le plaisir , à savourer l'ivresse ;
Et maintenant, mon front est froid et impuissant.
J'entends autour de moi bien des pensers de gloire ,
Bien des chants qui s'en vont burinés dans l'histoire ;
Je vois la lèvre forte emboucher le clairon ;
La palme sur le front s'avance le poète ;
Celui-là , dans sa main a saisi l'aviron
Et garde un front serein au fort de la tempête ;
Le peuple a réservé , sur le marbre et l'airain,
Des places pour graver les noms de ceux qu'il aime ;
Lui peuple , qui d'un mot brise tout un système,
Et , sous de vils haillons, se pose en souverain !
Ces gloires, ces bonheurs , je ne puis les atteindre !...

Comme un fantôme vain ils passent devant moi ;
Je les sens sur mon front le brûler et l'étreindre,
Et la force me manque en mon rapide émoi.
Ah ! si j'avais encor de ces belles années
Par de nombreux plaisirs si lâchement fanées ;
Si je pouvais un jour... que ces rêves sont beaux !
Je choisirais la mer ; la mer est grande et belle
Avec ses hauts récifs et sa vague éternelle
Qu'elle lance en jouant aux flancs de nos vaisseaux ;
La mer ! Ah ! qu'il nous faut de courage et de glace
Et de vaillance au cœur, et sur nos fronts d'audace
Pour l'oser défier ! Quand tonne le canon,
Que l'on tient en sa main le poignard et la pique,
Oh ! comme il faut alors de sang-froid et d'à-plomb
Pour faire taire au cœur la rage frénétique !
Pour mesurer de l'œil le danger qui nous vient ;
Pour donner sans colère un ordre qu'on répète ;
Pour que le gouvernail obéisse à la tête ;
Pour imposer silence au mal qui nous survient !...
C'est ainsi qu'on se fait un mâle caractère
Qui domine la foule, et que l'on fait souvent,
Malgré le noir orage et le flot et le vent,
A travers les rochers, arriver à la terre !

Mais c'est un fol espoir, et l'océan si beau
Et ses vastes périls et sa gloire si belle,

Fermés, hélas! pour moi; car, dans l'heure éternelle,
Je ne reprendrai plus un jour à son tombeau;
Et ce rêve brûlant d'honneur et de génie,
Cet avenir de feu qu'enfante l'insomnie;
Ce nom que l'on grandit à force de vouloir;
Cette palme cueillie et qu'on met sur sa tête;
Ce trépide qu'on élève à ces heures du soir
Où l'on entend des voix qui parent la tempête,
O mon Dieu! tout cela, je ne pourrai jamais
Le voir et le toucher dans une heure de veille!
Semblable à ces vains sons qui frappent mon oreille
Et qui rendent les voix des êtres que j'aimais,
Ce rêve va passer avant que ma paupière
Sous le poids de mes maux ne s'affaise, ô mon Dieu!
Avant que pour mon corps on apporte la pierre,
Avant qu'à mes amis je ne dise l'adieu.

Jeunes hommes, la vie est sainte; prenez garde!
N'effeuillez point ainsi vos fleurs à pleine main;
Les plaisirs, voyez-vous, n'ont point de lendemain:
C'est le bien que l'on fait que la mémoire garde.
Travaillez, travaillez; faites pour l'avenir
Votre charge, il le faut, de savoir, de bien faire;
C'est ainsi qu'on se crée un noble souvenir,
Et qu'on peut demander à son tour un salaire.

Février 1835

Toi.

Lorsque tu lis mes vers et que tu vois mon âme
Traduite en traits de feu par mon front qui s'enflamme,
Tu comprends, n'est-ce pas, ce qu'il me faut d'amour
Pour vivre, dans mon cœur, sans espoir de retour.

Car tu ne peux m'aimer, toi que le monde encense,
Qu'il entoure de soins et de mille plaisirs,
Prévenant tes regards, tes vœux et tes désirs ;
Toi, qu'éveillent des mots qui parlent d'espérance,
Tu ne saurais m'aimer ; car je souffre en mon cœur,
Car mon amour, vois-tu, c'est là toute ma vie !
Car si tu m'apportais un long mot de bonheur,
Seul il aurait l'écho de mon âme ravie.
Ce serait trop d'amour, et tu ne voudrais pas
M'abandonner ainsi toute ton existence,
Et racheter d'un mot une longue souffrance
En me voyant toujours te suivre pas à pas.

Mais si tu lis mes vers, tu comprends ma pensée !
Tu vois que mon amour est tout à toi ; je vais,
Où se pose ton pied, demander, tu le sais,
Sa trace au sable fin, et ma marche insensée
Me ramène cent fois à la place où je vis
Disparaître ta robe ; et ma folle mémoire
Se rappelles tes mots. C'est par toi que je vis !
C'est à ton seul regard, vois-tu, que je puis croire.
Peut-être que jamais tu ne sauras cela ;
Que je serai toujours, pour ta belle paupière,
Comme ces étrangers qui passent sur la pierre,
Et que jamais ton cœur ne dira : Le voilà !
Peut-être que ces vers qui disent ma souffrance,

Tu ne les liras pas ! que tu n'auras pour moi
Ni regard de pitié, ni doux mot d'espérance ;
Que tu ne sauras point que je tremble d'émoi
Si je vais où je puis te couver de ma vue,
Et que j'aurai suivi la trace de tes pas,
Sans que ma voix un jour jusques à toi venue
Te dise qu'avant toi mon front ne pensait pas !

Et ce que je dis là, c'est peut-être inutile !
Tu ne dois pas l'entendre, et les autres, mon Dieu !
Me sont indifférens comme un passant de ville
Que l'on ne voit qu'une heure en lui disant adieu.
Et cependant, ces vers que j'écris, dans ma veine
Font pénétrer le calme ; il me semble souvent
Que je sens sur mon front passer ta douce haleine,
Et que des mots de toi sont portés par le vent.
Du jour où ton regard a traversé ma vie,
C'est que le monde entier a disparu soudain ;
Que les rêves de gloire et de nom et d'envie
Ont fui de ma pensée ainsi qu'un songe vain.
Tout ce qui n'est pas toi n'est que rêve éphémère :
Le bruit que fait le monde, il meurt en m'arrivant ;
Ses plaisirs ! ses honneurs ! dérision amère
Qui ne peut rien sur moi ; car je m'en vais rêvant
De par ce monde faux, en te parlant sans cesse.
Si je souffre, ton nom, que ma lèvre caresse,

Me rend fort à la peine et m'apprend à souffrir.
Mais le mal s'est assis mon maître en ma demeure ;
Il faudra bien alors, en souffrant, que je meure...
Mais je dirai ton nom, et je saurai mourir !

Décembre 1835.

FIN.

Table.

FIN DE LA TABLE.

www.ingramcontent.com/pod-product-compliance
Lightning Source LLC
Chambersburg PA
CBHW072044080426
42733CB00010B/1982